Polarisiertes

Training

Polarisiertes Training im Ausdauersport

Stefan Schurr

Bibliografische Information der Deutschen Nationalbibliothek:
Die Deutsche Nationalbibliothek verzeichnet diese Publikation
in der Deutschen Nationalbibliografie; detaillierte bibliografische
Daten sind im Internet über www.dnb.de abrufbar.

Aus Gründen der besseren Übersicht erfolgt im Text keine explizite
Differenzierung zwischen der weiblichen und männlichen Form.

Copyright Stefan Schurr – Winterbach 2018

Herstellung und Verlag:

Books on Demand GmbH, Norderstedt

ISBN-13: 978-3-7528-1685-3

Inhaltsverzeichnis

Einleitung

Im Ausdauersport gibt es viele unterschiedliche Trainingsphilosophien und damit verbundene Planungsstrategien. Relativ neu ist das Konzept des polarisierten Trainings, das sich vor allem im Hochleistungssport immer größerer Beliebtheit erfreut. Das Prinzip das dahinter steckt kann man auf eine einfache Formel herunterbrechen:

Trainiere *„entweder richtig hart"*
oder *„richtig langsam"*!

Dadurch unterscheidet es sich vom ebenfalls weit verbreiteten Konzept des Laktatschwellentrainings, das vermehrt auf Trainingsinhalte in mittlerer bis moderat hoher Intensität setzt. Beim polarisierten Training verzichtet man weitestgehend auf diesen Intensitätsbereich, so dass es damit einen recht konträren Ansatz darstellt.

Laut einer Studie von Stöggl und Sperlich aus dem Jahr 2014 führt ein polarisiertes Training bei bereits hoch trainierten Ausdauersportlern zu deutlich größeren Leistungssteigerungen als ein Training, das vor allem im mittleren Intensitätsbereich an der anaeroben Schwelle stattfindet. Auch die Konzepte des hochintensiven Intervalltrainings sowie des stark umfangorientierten Grundlagentrainings in niedriger Intensität erwiesen sich in dieser Studie als unterlegene Trainingsvarianten. Stöggl und Sperlich beziehen sich bei den Verbesserungen auf die für Ausdauersportler wichtigen Parameter der maximalen Sauerstoffaufnahme, der Leistung an der 4mmol-Schwelle sowie der maximal erreichten Leistung im Rampentest. In allen Bereichen war das polarisierte Training den drei anderen Varianten nach 9 Trainingswochen deutlich überlegen.

Weitere Studien von Esteve-Lanao et al (2007), Neal et al (2012) und Munoz et al (2014) kommen zu ähnlichen Ergebnissen.

Daraus lässt sich schlussfolgern, dass ein umfangreiches Training an der Laktatschwelle, zumindest bei bereits gut ausdauertrainierten Athleten, nicht mehr zu den gewünschten Steigerungsraten in den erwähnten Ausdauerparametern führt. Auch die deutliche Priorisierung von niedrig intensivem Grundlagentraining, beziehungsweise Präferenz des hochintensiven Intervalltrainings, scheinen nicht die optimalen Lösungen darzustellen. Wobei sich in den Studien aber auch zeigte, dass sich das hochintensive Intervalltraining gegenüber den beiden anderen Varianten dennoch als überlegen erwies. Vor allem für Athleten mit begrenztem Zeitbudget bietet sich damit ein Schwerpunkt auf hochintensivem Training -möglichst ergänzt durch gelegent-

lich ruhiges Grundlagentraining- an und ist einem ausgeprägten Laktatschwellentraining in mittlerer bis moderat hoher Intensität vorzuziehen.

Zu beachten ist dabei allerdings auch, dass die Studien mit bereits gut trainierten Athleten durchgeführt wurden. Ob das polarisierte Trainingskonzept auch auf niedrigerem Leistungsniveau sinnvoll eingesetzt werden kann werden wir im nächsten Kapitel erörtern.

Polarisiertes Training versus Laktatschwellentraining

Sportliches Training und damit verbundene Anpassungsreaktionen folgen gewissen Gesetzmäßigkeiten. Um die Leistungsfähigkeit kontinuierlich weiterzuentwickeln sollten Trainingsinhalte und -intensitäten sowohl im Wochen- als auch im Jahresverlauf systematisch variiert werden. Eine entscheidende Frage ist dabei auch, in welchem Verhältnis das Training in unterschiedlichen Intensitätsbereichen ablaufen sollte. Dies ist eng mit der Frage nach den konträren Trainingskonzepten „Polarisiertes Training versus Laktschwellentraining" verbunden.

Eine Einteilung der Trainingsintensität aufgrund physiologisch festgelegter Bereiche erfolgt im einfach gehaltenen Dreizonenmodell. Zur differenzierten Trainingssteuerung werden wir im weiteren Verlauf noch eine weitere Unterteilung vornehmen, dazu später mehr im Kapitel „Trainingsanpass-ungen". Das Dreizonenmodell unterscheidet zwischen geringer (Belastungszone 1), mittlerer (Belastungszone 2) und hoher Belastungsintensität (Belastungszone 3).

Wie bereits in der Einleitung dargelegt „konkurrieren" im Leistungssport heutzutage vor allem zwei unterschiedliche Konzepte der Trainingssteuerung über die Belastungsintensität. Zum einen das des polarisierten Trainings. Zum anderen das des Laktatschwellentrainings. Im polarisierten Trainingsmodell findet der Großteil der Belastung in Zone 1 statt und wird vor allem durch Training in Belastungszone 3 ergänzt. Eine Belastung im mittleren Intensitätsbereich wird gemieden. Demgegenüber findet beim Laktatschwellentraining ein wesentlicher Teil genau in diesem mittleren Belastungsbereich statt. Darstellen lässt sich dies anschaulich im nachfolgend angeführten Schaubild.

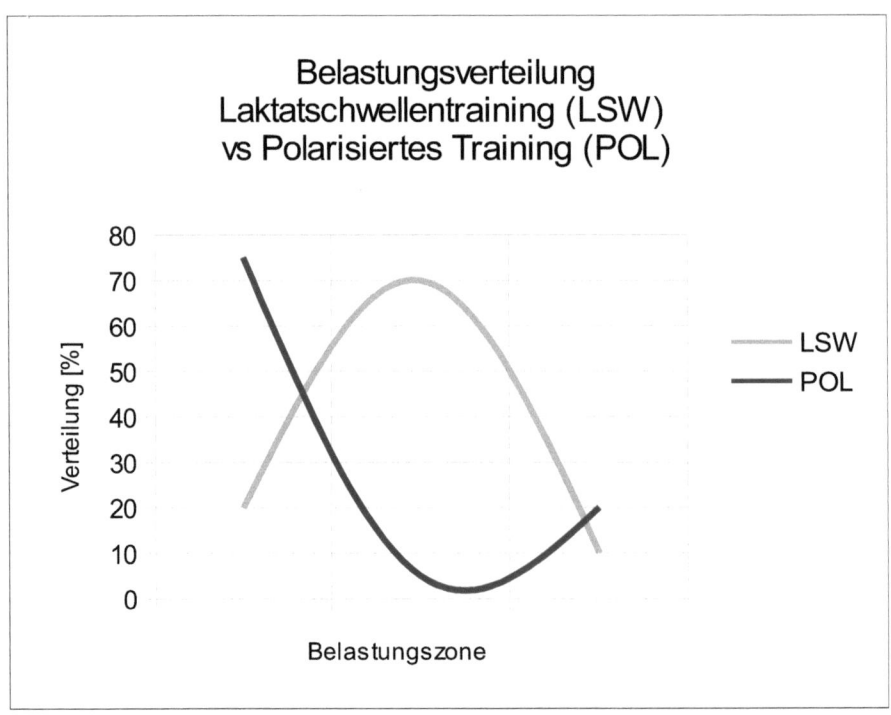

Abb: *Trainingsintensität nach Belastungszonen bei den Trainingskonzepten*
Laktatschwellentraining und Polarisiertes Training

Und wie sieht es in der Praxis von Ausdauersportlern aus? Ein Blick auf das Training von Profiathleten ist in diesem Zusammenhang interessant und aufschlussreich. Betrachtet man die Untersuchungen von Seiler & Kjerland [2006], so zeigt sich eine

Belastungsverteilung, die ziemlich genau dem des polarisierten Trainingsmodells entspricht: Etwa 80-85% des Trainings wird in niedriger Belastungsintensität unterhalb der aeroben Schwelle (Belastungszone 1) absolviert. Die restlichen 15-20% verteilen sich vor allem auf die sehr hohe Belastungsintensität in Zone 3. Das Training in Belastungszone 2 spielt so gut wie keine Rolle.

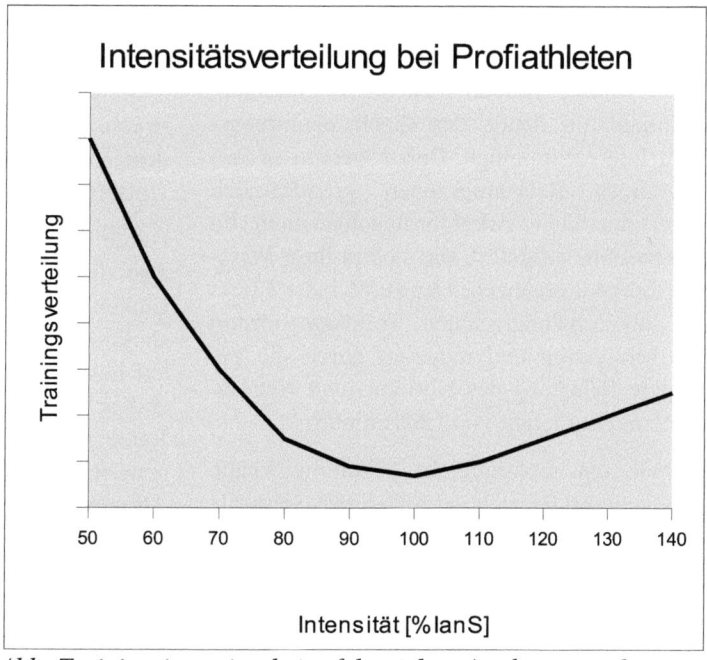

Abb: Trainingsintensität bei erfolgreichen Ausdauersportlern (Seiler & Kjerland, 2006)

In den letzten Jahren herrscht im Ausdauertraining von Spitzensportlern eine klare Tendenz hin zu polarisiertem Training!

Warum ist das so?

Welchen Vorteil bietet die „polarisierte" Herangehensweise?

Das polarisierte Konzept vereint die Vorteile eines umfangbetonten lockeren Grundlagentrainings mit denen des (hoch-)hochintensiven Intervalltrainings. Dabei werden in den jeweiligen Belastungszonen grundsätzlich unterschiedliche Adaptionsmechanismen im Organismus ausgelöst, die sich in ihrer Wirkung optimal ergänzen. Der zusätzliche Effekt des abwechslungsreichen Trainings fördert die Motivation und reduziert durch die geringere Belastung des Hormon- und Nervensystems die Gefahr von Übertraining.

Gerade ein umfangreiches Training knapp unter und im Bereich der anaeroben Schwelle wirkt sehr belastend. Neben der großen muskulären Erschöpfung werden zusätzlich durch den sehr aktiven Kohlenhydratstoffwechsel auch die Glykogenspeicher in Muskulatur und Leber stark erschöpft. Wird ein großer Teil des Trainings in diesem mittleren Bereich absolviert, so geht das meist zu Lasten der sehr hohen Intensitäten in den Trainingseinheiten oberhalb der anaeroben Schwelle. Denn zum einen ist die Muskulatur von diesen submaximalen Einheiten sehr stark ermüdet. Zum anderen fehlt der wichtige Brennstoff Glykogen, da die Speicher nach dem vorausgegangenen Training nicht wieder vollständig aufgefüllt sind.

Durch eine Polarisierung des Trainings kann also die Trainingsqualität in den intensiven Einheiten verbessert werden. Für leistungsstarke Athleten ein wichtiger Aspekt. Gerade auf hohem Leistungsniveau wird es zunehmend schwieriger die notwendigen intensiven Reize für neue Anpassungsreaktionen zu generieren. Bei hoch ausdauertrainierten Athleten geht man momentan auch davon aus, dass -sobald ein hoch ausgeprägtes Niveau erreicht ist- eine weitere Steigerung des Trainingsumfangs an der anaeroben Schwelle zu keiner weiteren signifikanten Entwicklung der maximalen Sauerstoffaufnahme mehr führt. Hier muss dann mit (hoch-)intensiven Intervallen gearbeitet werden.

So weit, so gut! Aber lässt sich das Trainingsmodell auch auf Freizeit- und Hobbysportler übertragen?

Gerade für die ambitionierten unter ihnen, die ja teilweise neben Beruf und Familie noch einen enormen Zeitaufwand für den Sport betreiben, scheint dies zuzutreffen und auf jeden Fall einen Versuch Wert. Interessant ist in diesem Zusammenhang eine Studie, die Esteve-Lanao et al. (2007) mit ambitionierten Hobbyathleten durchführte: zwei Gruppen trainierten über fünf Monate nach zwei unterschiedlichen Trainingsmodellen mit dem selben Gesamttrainingsumfang. Die Verteilung der Trainingsintensität der beiden Gruppen sah während der Studie entsprechend der nachfolgenden Tabelle aus:

	Training unterhalb der aeroben Schwelle (~ 75% VO$_2$max)	Training im aerob/anaeroben Übergangsbereich (~ 75%-90% VO$_2$max)	Training oberhalb der anaeroben Schwelle (>90% VO$_2$max)
Gruppe 1	80 %	12 %	8 %
Gruppe 2	67 %	25 %	8 %

Tab. *Verteilung der Trainingsintensität in zwei Trainingsgruppen(nach Esteve-Lanao et. Al, 2007)*

Das erstaunliche Ergebnis dieser Studie ist die Tatsache, dass die erste Gruppe ihre Zeit in einem 10km-Wettkampf im Schnitt mehr steigern konnte (157s) als die zweite Gruppe (120s). Und das obwohl die zweite Gruppe ja die gleiche Zeit oberhalb der anaeroben Schwelle trainiert hatte und zusätzlich wesentlich mehr Zeit knapp unterhalb und im Bereich der Wettkampfintensität verbrachte. Anscheinend verbrauchten die Athleten sehr viel Energie bei den submaximalen Trainingseinheiten, so dass die Belastungen im intensiven Bereich vermutlich zu niedrig ausfielen. Ein Phänomen, das im Freizeit- und ambitionierten Breitensport sehr häufig anzutreffen ist: Oft wird in den leichten Trainingseinheiten zu hart und in den intensiven Einheiten zu leicht trainiert. Das ganze Training tendiert zur „Mitte", so dass dem Körper keine neuen wirksamen Trainingsreize mehr geboten werden. Was auf niedrigem Leistungsniveau noch ganz gut funktioniert, verliert auf hohem und höchstem Niveau immer mehr an Wirkung!

Zusammenfassend kann man also attestieren, dass *erfolgreiche Ausdauersportler* eine überraschend ähnliche Verteilung der Trainingsintensitäten aufweisen:

- Ca. **80-85% des Trainings** erfolgt mit einer geringen Belastungsintensität **unterhalb der aeroben Schwelle,** beziehungsweise unterhalb 2 mmol/l Laktat.

- Die restlichen **15-20%** verteilen sich auf hohe und vor allem **sehr hohe Belastungsintensitäten**.

Seiler und Kjerland (2006) definieren eine optimale Verteilung der Trainingsintensität nach ihrem Modell des „polarized trainings" folgendermaßen:

- Trainingszone 1 (geringe Belastung): 75 – 80%

- Trainingszone 2 (mittlere Belastung): 5%

- Trainingszone 3 (hohe Belastung): 15-20%

Hierbei ist zu beachten, dass je nach Sportart, Trainingsphase und Leistungsniveau die Verteilung in den Trainingszonen 2 und 3 auch Variationen aufweisen kann. Im Kapitel „Jahresperiodisierung" gehen wir auf eine stärkere Gewichtung des Laktatschwellentrainings in der speziellen Wettkampfvorbereitung noch detaillierter ein.

Sportler reagieren auf Belastungsreize unterschiedlich, so dass es für den einen oder anderen auch sinnvoll sein kann von dem gegebenen Muster etwas abzuweichen. Auch Trainingsalter, disziplinspezifische Anforderungen und Leistungsniveau spielen eine wesentliche Rolle. Aber gerade Ausdauersportler, die sich schon längere Zeit auf hohem Niveau bewegen und eventuell auch eine gewisse Leistungsstagnation aufweisen, sollten die Polarisierung stärker ausprägen um auch weiter trainingswirksame Reize zu setzen.

Innerhalb der Trainingsperiodisierung variiert sowohl der prozentuale als auch der absolute Anteil des intensiven Trainings und im Verlauf der speziellen Wettkampfvorbereitung kann auch ein vermehrtes Training im Bereich der anaeroben Schwelle Sinn machen. Dazu später mehr bei der Periodisierung des Trainings im Makrozyklus.

Die Frage ist also nicht ausschließlich polaraisiertes oder Laktatschwellentraining! Es gilt die Vorteile beider Konzepte zu nutzen!

Trainingsgrundlagen

Für das Verständnis von Trainingskonzepten ist das Wissen um einige physiologische Zusammenhänge und die Wirkung von Trainingsreizen hilfreich. In diesem Kapitel geht es um die Grundlagen physiologischer Anpassungsreaktionen.

Energiebereitstellung

Der Mensch ist auf eine kontinuierliche Energieversorgung angewiesen. Selbst bei körperlicher Inaktivität wird Energie benötigt um die Grundfunktionen des Organismus aufrecht zu erhalten. Dazu gehören zum Beispiel die Atmung oder die Blutzirkulation in den Gefäßen. Bei sportlicher Aktivität muss dann die Muskulatur mit zusätzlicher Energie versorgt werden. Der Wirkungsgrad für die Verrichtung der mechanischen Arbeit beträgt maximal 25 Prozent. Ein Großteil der produzierten Energie geht als Wärme verloren, auch zelluläre Prozesse benötigen einen Teil.

Für die Kontraktion der Muskulatur gibt es einen entscheidenden chemischen Stoff, das Adenosintriphosphat (ATP). Dieser besteht aus Adenosin und drei Teilen Phosphat. Bei körperlicher Aktivität wird das ATP durch die Abspaltung eines Phosphatrestes in Adenosindiphosphat (ADP) umgewandelt. Die Energie, die dabei freigesetzt wird, wird für die Muskelkontraktion genutzt. Leider ist die Menge an ATP in der Muskulatur sehr beschränkt, so dass der Energievorrat für maximal zwei bis drei Sekunden ausreicht. Der Körper muss für weitere Kontraktionen möglichst schnell aus dem ADP wieder ATP zurückgewinnen. Dazu bedient er sich im wesentlichen drei verschiedener Systeme und –quellen, die unterschiedlich schnell ablaufen und wirken:

1. ATP-Resynthese aus Photphatspeichern

2. Anaerobe Glykolyse

3. oxidative Phosphorylierung (Oxidation von Abbauprodukten der Fette, Kohlenhydrate und Proteine

Ein wesentliches Kriterium der Energiebereitstellung ist dabei, ob sie mit (aerober Stoffwechsel) oder ohne (anaerober Stoffwechsel) Sauerstoff abläuft. Die ersten beiden Wege der ATP-Resynthese laufen im Zellplasma ohne, der dritte unter Beteiligung von Sauerstoff in den Mitochondrien ab.

Anaerober Energiestoffwechsel

Der anaerobe Energiestoffwechsel wird vor allem bei kurzen, aber sehr intensiven körperlichen Belastungen benötigt. Puls- und Atemfrequenz steigen, reichen aber bei weitem nicht aus, um den gesamten Organismus mit genügend Energie zu versorgen.

ATP-Resynthese aus Photphatspeichern

Der erste und schnellste Weg der ATP Resynthese ist der des Kreatinphosphatsystems. In der Muskelzelle ist der Speicher an Kreatinphosphat aber auch nur etwa vier bis fünf mal größer als der des ATP, so dass auch darüber nur für relativ kurz Zeit Energie geliefert werden kann. Bei maximaler Belastung sind es gerade einmal sechs bis acht Sekunden.

Nach der Belastung verläuft der Wiederaufbau des verbrauchten Kreatinphosphat sehr schnell. Bereits nach rund 20 Sekunden ist die Hälfte, nach gut 40 Sekunden drei Viertel der Gesamtmenge resynthetisiert.

(Anaerobe) Glykolyse

Die (anaerobe) Glykolyse ist das zweite Energie liefernde System das zum Einsatz kommt. Hier werden die in der Muskulatur gespeicherten Kohlenhydrate (Glukose) umgesetzt. Die Kapazität der Glykolyse ist zwar deutlich größer als die des Kreatinphosphatsystems, es dauert aber auch ein paar Sekunden (6-10) bis die maximale Durchsatzrate erreicht wird.

Auch die anaerobe Glykolyse läuft ohne die Beteiligung von Sauerstoff. Als Stoffwechselzwischenprodukt entsteht bei dieser Reaktion unter anderem Laktat, das für verschiedene Funktionen im Organismus weiter verwertet wird.

Aerober Energiestoffwechsel

Die aerobe Form der Energiebereitstellung findet unter dem Einfluss von Sauerstoff statt. Die bei der Reaktion anfallenden Endprodukte sind Kohlendioxid und Wasser. Dieser Weg der Energiegewinnung wird dann genutzt, wenn weniger Energie pro Zeiteinheit benötigt wird, also bei niedriger bis moderater Belastungsintensität. Bei Ausdauerwettkämpfen wird ein Großteil der Energiebereitstellung über den aeroben Stoffwechsel gedeckt.

Im aeroben Energiestoffwechsel wird einerseits das in Leber und Muskulatur eingelagerte Glykogen als Brennstoff verwendet. Zusätzlich wird der Abbau von Fettreserven genutzt und zwar anteilig um so mehr, je geringer die Belastung ist. Beide Wege der Energiebereitstellung beeinflussen sich gegenseitig und laufen parallel ab.

Unter extremen Langzeitausdauerbelastungen kann es zusätzlich zu einem Abbau von körpereigenem Protein kommen. Dabei sind die Glykogenspeicher des Körpers weitestgehend aufgebraucht. Glykogenmangel bedeutet für den Körper eine Notsituation. Er beginnt dann Aminosäuren für die Energiegewinnung abzubauen. Im Organismus gibt es eine kleine Reserve, die in Form von etwa 110g freien Aminosäuren zur Verfügung steht. Bei Langzeitbelastungen können unter energetischen Engpässen etwa 4 bis 9 Gramm Aminosäuren pro Stunde oxidiert werden. Insbesondere Alanin sowie die verzweigtkettigen Aminosäuren Valin, Leucin und Isoleuzin werden zur Glukoseneubildung herangezogen. Der Hauptteil der Proteine ist in festen Strukturen eingebaut und wird während der Belastung im Normalfall nicht zur Energieversorgung genutzt.

Oxidativer Glykogenabbau

Dieser Weg der Energiegewinnung wird vor allem dann genutzt, wenn weniger Energie pro Zeiteinheit erforderlich ist, also bei geringer bis mittlerer Belastungsintensität. Die maximale Energieflussrate ist halb so groß wie bei der anaeroben Glykolyse. Die Substrate werden vollständig abgebaut und damit ökonomisch genutzt.

Das Glykogen ist die Speicherform der Glukose in Muskulatur und Leber. Während Muskelglykogen vor allem den Energiebedarf der Muskulatur abdeckt, sorgt das Leberglykogen für die Aufrechterhaltung des Blutglukosespiegels. Sowohl in Ruhe als auch unter Belastung. Für Ausdauersportler ist die Größe der Muskelglykogenspeicher ein wichtiges leistungsbestimmendes Kriterium, da sie in ihrer Energieversorgung direkt davon abhängig sind. Durch intensives Ausdauertraining lassen sich die Speicher deutlich vergrößern, so dass der Sportler dann längere Zeit auf diese Form der Energiegewinnung zurückgreifen kann.

Oxidativer Fettabbau

Der oxidative Fettabbau kann auf fast unerschöpfliche Energiereserven zurückgreifen, hat allerdings den Nachteil, dass die maximale Energieflussrate gegenüber dem oxidativen Glykogenabbau nochmals halbiert ist. Somit kann diese Form der Energiebereitstellung lediglich bei relativ niedriger Belastungsintensität genutzt werden.

Substrat	Umsetzung	Verfügbarkeit (max. Einsatzdauer)	Geschwindigkeit der ATP-Bildungsrate (Flussrate mmol/min)
ATP, KrP	anaerob-alaktazid	sehr beschränkt (6-8 Sekunden)	sehr schnell (4,4)
Glykogen	anaerob-laktazid	beschränkt (40-90 Sekunden)	schnell (3,0)
Glykogen (Muskulatur)	aerob	beschränkt (60-90 Minuten)	langsam (1,0)
Glykogen (Leber)	aerob	beschränkt (60-90 Minuten)	träge (0,4)
Fette	aerob	nahezu unbeschränkt (Stunden bis Tage)	träge (0,4)

Tab.: Energieliefernde Prozesse im Körper

Die anaerobe Schwelle (Laktatschwelle)

Für den Trainingsprozess und die damit verbundene Trainingsplanung und -durchführung ist die Art der Energiebereitstellung bei der Belastung ein wichtiges Kriterium. Entscheidend ist, ob diese mit (aerob) oder ohne (anaerob) Beteiligung von Sauerstoff stattfindet.

Die aerobe Form der Energiebereitstellung wird vor allem bei geringer bis mittlerer Belastungsintensität genutzt. Dabei werden sowohl Glykogen (Kohlenhydratstoffwechsel) als auch Fette (Fettstoffwechsel) abgebaut. Steigt die körperliche Belastung an, so benötigt die Muskulatur vermehrt Sauerstoff um den Energiebedarf zu decken. Der Anteil des Kohlenhydratstoffwechsels an der Energiebereitstellung steigt, der Anteil des Fettstoffwechsels wird immer geringer. Ab einer gewissen Belastungsintensität ist das Herz-Kreislaufsystem nicht mehr in der Lage die arbeitende Muskulatur mit genügend Sauerstoff zu versorgen. Das ist der Punkt, an dem die Laktatkonzentration im Blut stark ansteigt und die Energiebereitstellung zunehmend auf anaerobem Wege abläuft. Laktat ist ein Stoffwechselzwischenprodukt, das beim Abbau von Glykogen entsteht. Seine Konzentration im Blut hängt, neben der Sauerstoffversorgung der Muskulatur, von der Fähigkeit des Körpers ab, dieses wieder abzubauen. Außerdem hängen die Anteile von Kohlenhydrat- und Fettstoffwechsel an der Energiegewinnung unmittelbar mit der Laktatkonzentration im Blut zusammen. Ersichtlich ist dies in der Abbildung auf der gegenüberliegenden Seite. Sie zeigt diese Abhängigkeit der beiden Energieträger am Energiestoffwechsel.

Grundsätzlich findet im Organismus immer Laktatbildung statt, also auch in Ruhe. Dadurch, dass es fortlaufend weiter verwertet wird steigt der Spiegel im Blut aber nicht an sondern pendelt sich auf einem definierten Niveau ein. Eliminationsorte sind vor allem die belastete Muskulatur, der Herzmuskel sowie die Leber. Die Geschwindigkeit des Abbaus hängt von seiner Konzentration und der Kapazität des aeroben Stoffwechsels ab.

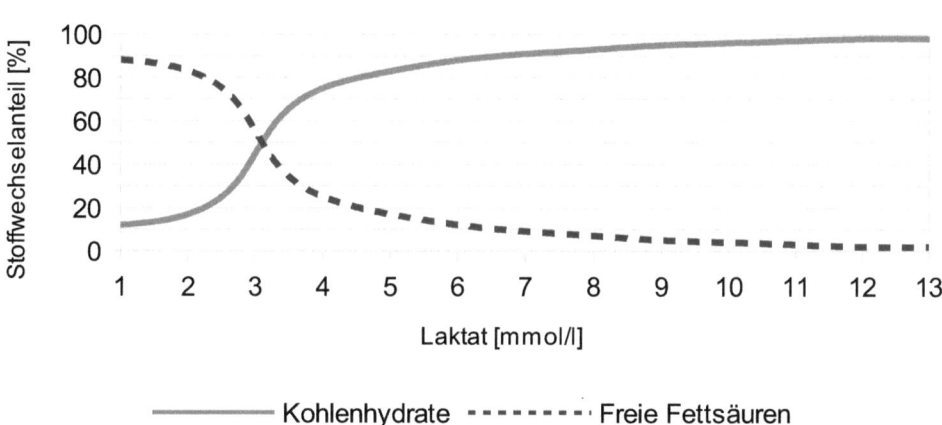

Abb.: Kohlenhydrate und freien Fettsäuren beim Energiestoffwechsel in Abhängigkeit von der Laktatkonzentration (nach Neumann, 2007)

Unter Ruhebedingungen misst man normalerweise Blutlaktatwerte von 0,8 bis 1,5 mmol/l.

In Ruhe sowie bei niedriger Belastung besteht also ein Gleichgewicht zwischen Laktatbildung und -abbau, ein so genanntes *Laktat-Steady-State*. Erhöht sich die Belastung, so erhöht sich auch das Niveau des Gleichgewichts. Steigt die Belastung immer weiter an, so wird die Laktatbildung irgendwann größer als der -abbau, es kommt zu einem kontinuierlichen Anstieg der Konzentration im Blut. Der Grenzwert, bei dem die Bildung den Abbau übersteigt, wird *maximales*

Laktat-Steady-State (maxLass) genannt und als *Dauerleistungsgrenze* angesehen.

Das Laktatverhalten hängt ursächlich mit dem Energiestoffwechsel zusammen und spiegelt sich in der Definition der aeroben und anaeroben Schwellen wieder.

Die *aerobe Schwelle* stellt die Grenze der rein aeroben Energiebereitstellung dar. Das anfallende Laktat kann von der Muskulatur selbst beseitigt werden. Im *aerob-anaeroben Übergangsbereich* halten sich Laktatbildung und -abbau die Waage. Bei weiter erhöhter Belastungsintensität kommt es jenseits der *anaeroben Schwelle* zu einem starken Anstieg der Konzentration. Die Belastung kann in diesem Bereich nicht lange aufrecht erhalten werden und muss recht schnell abgebrochen werden.

Bildung und Abbau von Laktat und damit auch die Höhe der Konzentration sind individuell sehr verschieden. Sie hängen neben der körperlichen Grundkonstitution unter anderem auch stark von der Leistungsfähigkeit und dem Trainingszustand des Sportlers ab. Aus zahlreichen Untersuchungen und Beobachtungen wird bei Laktatwerten von etwa 2 mmol/l ein oberer Regulationszustand für den rein aeroben Energiestoffwechsel angenommen. Bei Laktatwerten von etwa 4 mmol/l wird die anaerobe Schwelle gesehen. Die individuelle Laktatschwelle eines Athleten kann zwar etwas von diesen fixen Schwellenwerten abweichen, das hat jedoch für die Trainingspraxis kaum Relevanz, da die Belastungsvorgaben in Trainingsbereichen erfolgt und nicht punktuell auf dem Niveau eines bestimmten Wertes.

Der Zusammenhang von Belastungsintensität und Laktatbildung kann in einem Laktatleistungstest bei ansteigender Belastung bestimmt werden. Das resultierende Schaubild zeigt dann die zugehörige Laktatleistungskurve.

Durch Training wird die Laktatleistungskurve eines Athleten maßgeblich beeinflusst. Grundlagenausdauertraining in niedriger Intensität verschiebt die Kurve im Schaubild nach rechts, ein deutliches Zeichen für die Zunahme der aeroben Leistungsgrundlagen, eine Ökonomisierung im Energiestoffwechsel und eine höhere Ausnutzung der maximalen Sauerstoffaufnahme. Ein Training mit hohen Belastungsintensitäten führt zu einer Linksverschiebung der Kurve. Dies resultiert aus einem veränderten Regulationszustand, der für eine höhere wettkampfspezifische Leistungsfähigkeit notwendig ist. Aus einem auf Ökonomisierung einregulierten Funktionszustand sind keine herausragenden Wettkampfleistungen möglich.

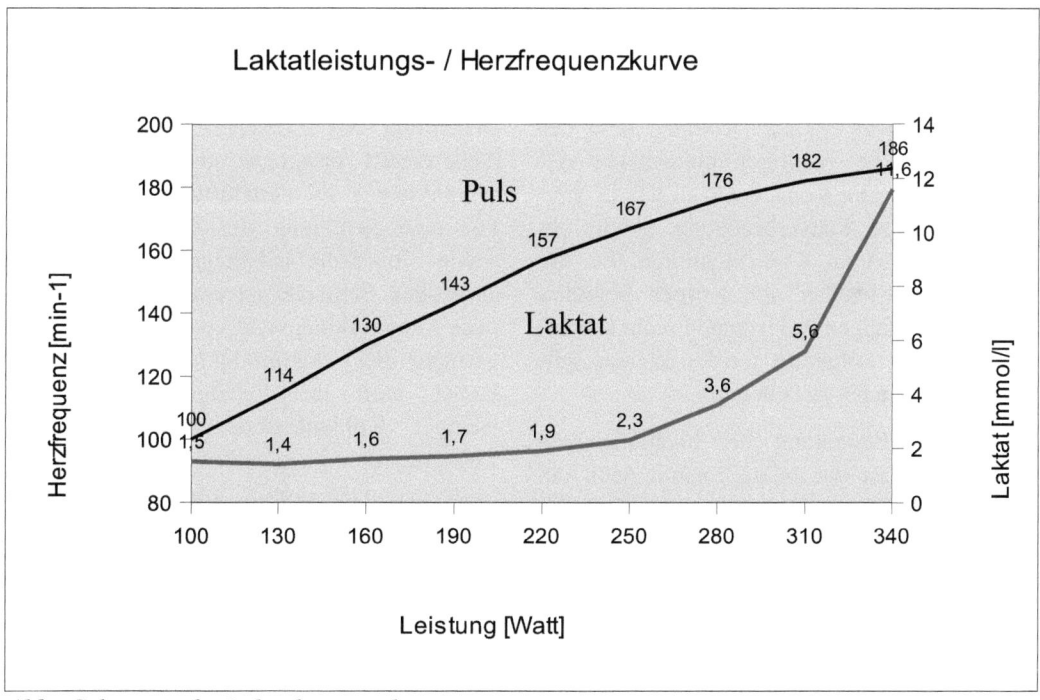

Abb.: Schematische Laktatleistungskurve

Die maximale Laktatbildungsrate (VLa$_{max}$)

Die maximale Laktatbildungsrate ist ein Parameter des anaeroben Stoffwechsels. Sie ist ein Maß dafür, wie Kohlenhydrate zu Laktat umgewandelt werden. Einfach ausgedrückt ist der Wert ein Maß dafür, mit welcher Geschwindigkeit der Körper Laktat produziert. Eine hohe VLa$_{max}$ bedeutet, dass der Körper auch bei niedrigen Intensitäten viel Laktat bildet. Die Konsequenzen daraus sind eine schlechte Fettverbrennung sowie ein höherer Bedarf an Kohlenhydraten. Da die Kohlenhydratspeicher im Körper begrenzt sind und bei langen Belastungen nicht schnell genug wieder aufgefüllt werden können, gilt es diese möglichst zu schonen.

Neben der Bedeutung bei hochintensiven Belastungen ist die VLa$_{max}$ damit auch ein Parameter für die Verstoffwechslung der Kohlenhydrate bei längeren Ausdauerbelastungen. Als „Gegenspieler" des aeroben Stoffwechsels nimmt die Laktatbildung einerseits positiven Einfluss auf kurzzeitig intensive Belastungen und hat damit eine wichtige Bedeutung bei Zwischen- und Endspurts. Andererseits bringt es aber gewisse Einschränkungen im Fettstoffwechsel mit sich. Für eine Schonung der Glykogenreserven sowie eine hohe Leistungsfähigkeit an der anaeroben Schwelle ist eine niedrige maximale Laktatbildungsrate von Vorteil. Denn je geringer die Laktatproduktion ausfällt desto besser läuft der Fettstoffwechsel, desto weniger Kohlenhydrate müssen für die Leistungserbringung verbrannt werden!

Die maximale Sauerstoffaufnahme (VO_{2max})

Der Bedarf an Sauerstoff steigt bei zunehmender Belastung kontinuierlich an, bis ein Maximum -die maximale Sauerstoffaufnahme ($VO2_{max}$)- erreicht wird. Dieses Maximum liegt weit jenseits der anaeroben Laktatschwelle.

Damit ist die maximale Sauerstoffaufnahme ein Maß für die Leistungsfähigkeit der sauerstoffaufnehmenden, sauerstofftransportierenden und sauerstoffverwertenden Systeme des Organismus. Es handelt sich damit gewissermaßen um die Zusammenfassung der Leistungsfähigkeit der Teilsysteme Atmung, Herz-Kreislauf-System und Muskelzellen im Ausbelastungszustand. Damit ist sie *DIE* klassische Messgröße zur Beurteilung der aeroben Leistungsfähigkeit und ein ganz wichtiges und entscheidendes Kriterium für Ausdauersportler.

Entscheidend ist letztendlich wie viel Sauerstoff im Muskelstoffwechsel für die aerobe Energiegewinnung zur Verfügung gestellt werden kann. Denn je größer die VO_{2max} eines Athleten ist, desto höher kann die Intensität seiner Belastung sein, ohne dass er eine „Sauerstoffschuld" eingehen muss. Das bedeutet, dass auch eine submaximale Belastung länger aufrecht erhalten werden kann und damit die Ausdauerleistungsfähigkeit, die sogenannte aerobe Kapazität, größer ist.

Für die Beurteilung der maximalen Sauerstoffaufnahme hat sich in vielen Sportarten ein Bezug zum Körpergewicht (relative VO_{2max}) als sinnvoll erwiesen. In Sportarten, in denen das Körpergewicht nicht voll zu tragen ist (z.B. Rudern, Schwimmen), ist die absolute VO_{2max} aussagekräftiger. Frauen weisen gegenüber Männern etwa 5 bis 10 Prozent geringere Werte auf. Die Werte der VO_{2max} liegen bei männlichen untrainierten Erwachsenen bis zum dritten Lebensjahrzehnt bei etwa 40-45 ml/min·kg, hochausdauertrainierte Athleten haben Werte von teilweise über 80 ml/min·kg. Ab dem 35ten

Lebensjahr nimmt die maximale Sauerstoffaufnahme jährlich um etwa 1 Prozent ab.

Einige der leistungsbestimmenden Teilbereiche können durch Training gut verändert werden, andere sind mehr oder weniger genetisch bestimmt und können nicht, oder nur in sehr begrenztem Maße, beeinflusst werden. Selbst bei mehrjährigem Leistungstraining liegen die Steigerungsraten bei der maximalen Sauerstoffaufnahme nur bei etwa 20 bis 50 Prozent.

Die trainingsbedingten Steigerungen der VO_{2max} werden vor allem durch eine Vergrößerung des Herzminutenvolumens (Sportlerherz) sowie über eine verbesserte Sauerstoffausschöpfung und -verwertung der Muskulatur erreicht. Diese rührt von einer gesteigerten Kapillarisierung sowie der Neubildung von Mitochondrien in den Muskelzellen. Mitochondrien werden auch als Kraftwerk der Zelle bezeichnet. Diese Bezeichnung entstammt einer ihrer wichtigsten Funktionen, nämlich der Produktion von Adenosintriphosphat (ATP), dem universellen Energieträger für alle Zellen.

Vor allem bei längeren Ausdauerwettkämpfen ist aber nicht nur die absolute Größe der VO_{2max} entscheidend. Es kommt vielmehr auch darauf an, dass die individuelle VO_{2max} zu einem möglichst hohen Prozentsatz genutzt werden kann. Dies entspricht der Sauerstoffaufnahme an der Dauerleistungsgrenze (anaerobe Schwelle). Diese Fähigkeit ist weit besser trainierbar und kann um etwa 50-70 Prozent gesteigert werden.

Einflussfaktoren der Ausdauerleistungsfähigkeit

Die Wettkampfleistung ist die für den Athleten alles entscheidende Größe, die es zu optimieren gilt.

Für die Belastungsdosierung im Training sollte man die physiologischen Einflussfaktoren auf die Leistungsfähigkeit kennen und deren Zusammenhänge und Wechselwirkungen verstehen. So kann das Training dann sinnvoll geplant und gesteuert werden.

Ausdauerleistungen sind vor allem vom aeroben Stoffwechsel abhängig. Bereits bei einer Wettkampfdauer von etwa 90 Sekunden wird die Hälfte der Energiebereitstellung über den aeroben Stoffwechsel abgedeckt. Je länger die Wettkampfstrecke ist, desto dominanter wird er. Bei extremen Langzeitausdauerbelastungen, wie zum Beispiel im Triathlon oder Marathonlauf, stellen die aerobe Glykolyse sowie die mit der Wettkampfdauer vermehrt an Bedeutung gewinnende Fettoxidation die dominanten Wege der Energiebereitstellung dar.

Für das optimale Wettkampfergebnis ist die Fähigkeit entscheidend eine möglichst hohe Leistung über die gesamte Zeitdauer abzugeben. Neben der Motivation ist vor allem die Ausprägung folgender physiologischer Parameter leistungsbestimmend:

- die maximale Sauerstoffaufnahme (VO_{2max})

- der Prozentsatz der VO_{2max}, der über einen längeren Zeitraum aufrecht erhalten werden kann, dies zeigt sich an der *Leistungsfähigkeit an der anaeroben Laktatschwelle*

- die maximale Laktatbildungsrate (VLa_{max})

- die *Bewegungsökonomie*, sie repräsentiert den Energieaufwand, der benötigt wird, um eine gegebene Leistung zu erbringen

Aus den genannten Faktoren ergibt sich das klassische Modell der Einflussfaktoren auf die Ausdauerleistungsfähigkeit nach Bassett und Howley.

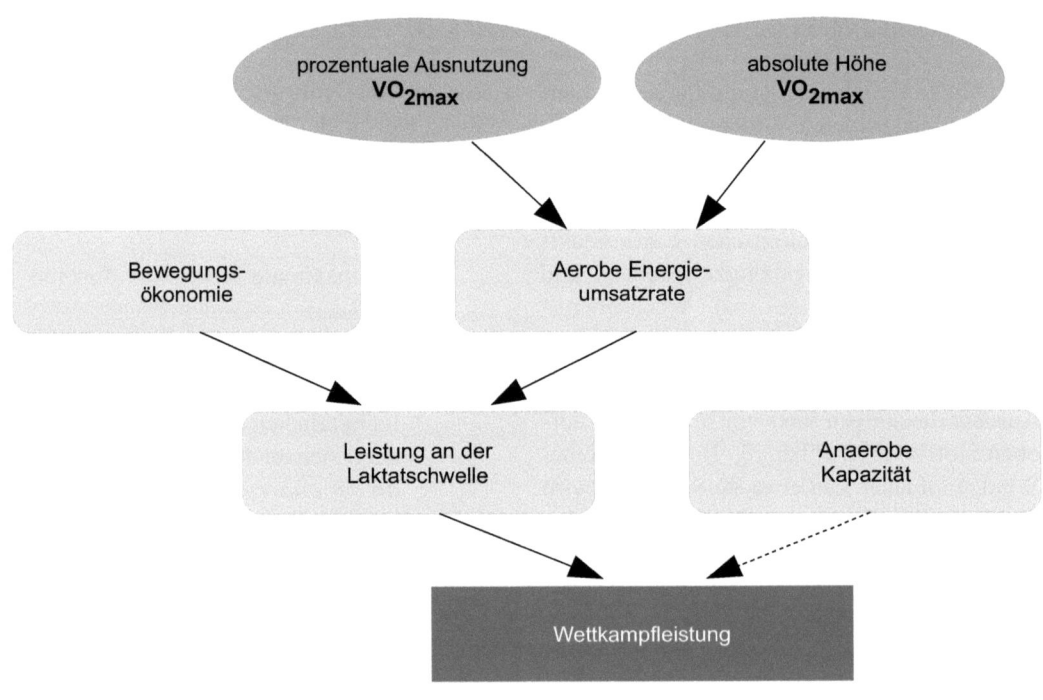

Abb.: Klassisches Modell der Einflussfaktoren auf die Ausdauerleistungsfähigkeit (Bassett und Howley, 1997, modifiziert)

Die **maximale Sauerstoffaufnahme (VO_{2max})** repräsentiert das obere Limit des aeroben Stoffwechsels, also die Menge an Sauerstoff, die der Organismus maximal aufnehmen und verstoffwechseln kann. Sie wird daher auch als **aerobe Kapazität** bezeichnet. Sie ist gewissermaßen die Basiskomponente für die Leistungsfähigkeit im Wettkampf. Doch trotz identischer VO_{2max} kann sich die Leistung von Sportlern im Wettkampf deutlich voneinander unterscheiden. Wichtig ist auch die Fähigkeit einen möglichst hohen Prozentsatz der VO_{2max} auszunutzen. Dies kommt einer hohen Leistungsfähigkeit an der **anaeroben Schwelle** gleich und ist weit besser trainierbar.

Eine oft unterschätzte Einflussgröße stellt die **Bewegungsökonomie** dar. Sie ist ein Maß für den Energieaufwand, der benötigt wird um eine gegebene Leistung zu erbringen und unterstreicht die Bedeutung eines sportartspezifischen Technik- und Koordinationstrainings.

Eine untergeordnete Rolle spielt die **anaerobe Kapazität**, wenngleich sie vor allem bei kürzerer Wettkampfstrecke nicht ganz zu vernachlässigen ist und auch bei dynamischen Rennverläufen mit Zwischen- und Endspurts ihren Einfluss hat. Hier sei auch noch mal die maximale **Laktatbildungsrate** erwähnt, die einerseits den anaeroben Energieumsatz positiv, den Fettstoffwechsel aber negativ beeinflusst und entsprechend der Wettkampfstruktur mit seiner Dauer und Dynamik individuell ausgeprägt werden sollte!

Zusammenfassend kann man sagen, dass die Bedeutung der einzelnen Faktoren stark von der Wettkampfzeit (und -dynamik) abhängig ist. Während bei kurzen Ausdauerbelastungen, wie sie beispielsweise bei den leichtathletischen Mittelstrecken gegeben sind, eine hohe VO_{2max} sowie eine hohe anaerobe Kapazität mit entsprechend hoch ausgebildeter VLa_{max} gefordert werden, gewinnen bei zunehmender Wettkampflänge das Leistungsvermögen an der Laktatschwelle sowie die Bewegungsökonomie an Bedeutung.

Ausdauertraining

Wie wir gesehen haben hängt die Ausdauerleistung im wesentlichen von drei Faktoren ab: der maximalen Sauerstoffaufnahme, der Leistung an der Laktatschwelle sowie der Bewegungsökonomie.

Bei längeren Ausdauerwettkämpfen gewinnt zunehmend auch eine Verringerung der *maximalen Laktatbildungsrate* an Bedeutung. Diese erreichen wir einerseits durch umfangreiches Fettstoffwechseltraining in niedriger Intensität, andererseits auch durch Trainingsvarianten in mittlerer Intensität, die im polarisierten Training eigentlich eine untergeordnete Rolle spielen, in der speziellen Wettkampfvorbeitung aber auch eingesetzt werden können.

Eine Zunahme der *maximalen Sauerstoffaufnahme* erreicht man vor allem durch intensives Training oberhalb der anaeroben Schwelle. Kurzzeitige, sehr intensive Belastungen von etwa drei bis maximal acht Minuten setzten entsprechende Reize. Gerade das in den letzten Jahren bekannt und immer populärer gewordene hochintensive Intervalltraining kann zur Steigerung der VO_{2max} sehr effektiv eingesetzt werden. Die relativ kurzen Wiederholungen innerhalb eines Intervalltrainings setzen starke Reize auf deren Ausprägung. Dies geschieht unter anderem durch eine Neubildung von Mitochondrien in den Muskelzellen. Diese werden gerne als die Kraftwerke der Muskelzellen bezeichnet und sind für die Energieproduktion mitverantwortlich.

Auch ein umfangorientiertes Training in niedriger Intensität regt die Neubildung von Mitochondrien an. Da diese über eine andere Reizverarbeitung als im intensiven Training erfolgt, ergänzt es dieses optimal. Ein weiterer Baustein für die Wirksamkeit des polarisierten Trainingskonzepts!

Eine Verbesserung der *Bewegungsökonomie* lässt sich -neben spezifischem Technik- und Koordinationstraining- auch durch intensive Trainingsformen erreichen. Wissenschaftliche Untersuchungen zu diesem Thema sind zwar rar gesät, aber ein Training im Bereich der Wettkampfgeschwindigkeit, oder leicht darüber, scheint optimale Ergebnisse zu bringen. Explosivkrafttraining, plyometrisches Training (Sprungkraft), spezifisches Training mit erhöhten Widerständen sowie Krafttraining haben ebenfalls positiven Einfluss auf die Bewegungsökonomie.

Auch eine *erhöhte Leistung an der Laktatschwelle* lässt sich effektiv über intensives Training erreichen. Anschaulich wird dies, wenn man sich die unterschiedlichen energieliefernden Systeme auf einer Intensitäts-abfolge vorstellt. Am unteren Ende der oxidative Fettabbau, am oberen die Fähigkeit der maximalen Sauerstoffaufnahme. Das Training zur Verbesserung der VO_{2max} hebt dann das obere Ende an. Mit dieser Anhebung verbessern sich dann auch die Leistungsfähigkeit in der Mitte und am unteren Ende der Strecke. Hier eben nur in etwas geringerem Ausmaß. Vereinfacht dargestellt zeigt dies die folgende Abbildung: eine Anhebung der VO_{2max} verbessert auch die Leistungsfähigkeit an der anaeroben Schwelle.

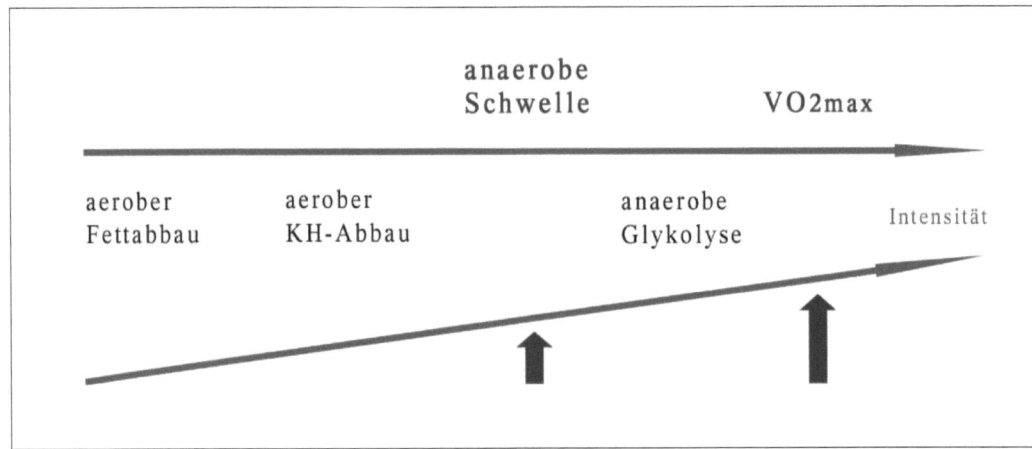

Abb: Auswirkung einer verbesserten VO_{2max}

Auch wenn wir noch einmal die Einflussfaktoren auf die Ausdauerleistungsfähigkeit betrachten, sehen wir, dass Trainingsformen, die die maximale Sauerstoffaufnahme sowie die Bewegungsökonomie verbessern, auch die Leistung an der Laktatschwelle erhöhen. Schließlich hängt sie unmittelbar von den beiden Parametern ab.

Aus diesen Zusammenhängen lassen sich die positiven Auswirkungen eines intensiven Intervalltrainings, in Kombination mit einem niederintensiven umfangorientierten Grundlagentrainings, ableiten, also ganz so wie es das polarisierte Training vorgibt.

Nachfolgend wollen wir noch einmal genauer auf die Wirkungsweise und die Hintergründe von hochintensivem Intervalltraining eingehen. Schließlich nimmt es eine Schlüsselstellung im polarisierten Trainingskonzept ein!

Hochintensives (Intervall-) Training

Ein Pionier auf dem Gebiet hochintensiver Intervalle kommt aus Japan. 1996 untersuchte I. Tabata (Tabata I. et. al.,1996) die Auswirkungen eines hochintensiven Intervalltrainings auf die aerobe sowie die anaerobe Leistungsfähigkeit bei Radsportlern. Das Belastungsprotokoll arbeitete mit sehr intensiven Intervallen von 20 Sekunden Dauer, gefolgt von 10 Sekunden Pause. Als Intensität der Belastungsphasen wurde dabei 170 Prozent der maximalen Sauerstoffaufnahme gewählt, so dass eine sehr hohe Ausbelastung der Athleten gewährleistet war.

Insgesamt wurden 8 Intervalle absolviert, so dass die Gesamtbelastungsdauer bei 4 Minuten lag. Die Athleten trainierten 4 mal pro Woche nach diesem Programm und absolvierten zusätzlich ein Mal pro Woche eine einstündige Dauerbelastung bei 70% der maximalen Sauerstoffaufnahme. Eine Kontrollgruppe trainierte lediglich mit einstündigen Dauerbelastungen (70% der maximalen Sauerstoffaufnahme), allerdings 5 mal in der Woche, so dass der Gesamtumfang des Trainings in der Kontrollgruppe sogar deutlich größer ausfiel. Trotzdem konnte die

Tabata Gruppe ihre maximale Sauerstoffaufnahme mehr erhöhen! Nach sechs Wochen verbesserte sich die Aufnahme von 48 auf 55 ml/kg/min, in der Kontrollgruppe viel die Steigerung von 52 auf 57 ml/kg/min etwas geringer aus. Die Tabata-Gruppe konnte im Bereich der anaeroben Kapazität zusätzlich um 28% zulegen, in der Kontrollgruppe wurde hier keine Verbesserung verzeichnet.

An der Universität Bern, in Zusammenarbeit mit dem Swiss Health & Performance Lab, wurden 2008 die Effekte eines 11-tägigen hochintensiven Ausdauertrainings bei Nachwuchs Ski Alpin Athleten (FIS Level) untersucht (Hoppeler, et. al., 2008). Das Belastungsprotokoll bestand aus vier 4-minütigen hochintensiven Belastungen mit jeweils drei Minuten Pause. Innerhalb eines Belastungsblocks von 11 Tagen wurden insgesamt 15 intensive Einheiten – bei zwei Ruhetagen - durchgeführt.

Eine Kontrollgruppe absolvierte zur selben Zeit weiterhin ihr „normales" Training und konnte dabei die maximale Leistung sowie die Leistung an der anaeroben Schwelle leicht (1-2%) erhöhen. Demgegenüber verbesserte sich die HIIT-Gruppe vor allem in der Leistungsfähigkeit an der anaeroben Schwelle mit 9,6% deutlich mehr. Außerdem steigerte sich in dieser Gruppe die maximale Leistung um 4,4%. Das Blutvolumen und das maximale Schlagvolumen des Herzens erhöhten sich ebenfalls jeweils signifikant um etwa 10%.

Beide Studien deuten darauf hin, dass die Belastungsdauer an der VO_{2max} eine Schlüsselstellung zur Verbesserung der aeroben Ausdauer darstellt. Ebenso zeigt ein in das „normale" Training eingebauter Intensitätsblock enorme Leistungssteigerungen in mehreren wichtigen Ausdauerparametern. Und das in kurzer Zeit.

Die für diese Anpassungen verantwortlichen Mechanismen sind trainingswissenschaftlich nicht abschließend geklärt. Es gibt unterschiedliche Erklärungsansätze, die wohl alle ihren gewissen Betrag zu den erwähnten Adaptionen liefern. Nachfolgend ein kurzer Überblick über die beiden Adaptionsmechanismen, die nach heutigem Wissensstand meist zur Wirkungsweise von hochintensivem Training angeführt werden.

Systemstress

Die menschliche Leistung, die bei einer Belastung erbracht werden muss, lässt sich über die metabolische Leistung beschreiben. Das ist die Leistung, die der Stoffwechsel aufbringen muss, um die nach außen hin sicht- und wirkbare Leistung zu erbringen. Da der menschliche Organismus lediglich einen Wirkungsgrad von knapp 25% hat, bedeutet das, dass er beispielsweise beim Radfahren für jedes Watt mechanischer Leistung etwa 4 Watt durch seinen Stoffwechsel aufbringen muss. 3 Watt gehen „verloren", unter anderem für die Wärmeregulation des Körpers sowie die Aufrechterhaltung wichtiger Körperfunktionen.

Interessant ist jetzt die Betrachtung der maximalen metabolischen Leistung im Zusammenhang mit der Belastungsdauer und dem dominant genutzten Energiesystem:

Metabolische Leistung	6000 Watt	4000 Watt	2000 Watt	1000 Watt
Dominantes Energiesystem	Phosphate	Glykogen (anaerob)	aerob	aerob
Dauer	1-5 s	10 s	6 min	120 min
Beispiel	Kugelstoßen	100m Sprint	2km rudern	60km radfahren

Tab.: metabolische Leistung und dominierende Energiesysteme (Journal of Strenghth and Conditioning Research, 21/3 2007)

Zwei Dinge werden deutlich: Erstens ist erkennbar, dass die Energiegewinnung bereits nach wenigen Minuten vor allem aerob erfolgt. Zweitens sieht man, dass bei kurzen intensiven Belastungen ein wesentlich größerer Systemstress für den Organismus vorliegt. Erkennbar an der aufgebrachten metabolischen Leistung.

Grundlagentraining mit niedriger Intensität findet größtenteils im Bereich von 20 Prozent der maximalen Leistung statt und verursacht damit auch einen relativ geringen Systemstress für den Organismus.

Hochintensive Intervalle, die an der Grenze der maximalen Sauerstoffaufnahme stattfinden, beanspruchen erstens alle drei Energiesysteme -Phosphate, aerobe sowie anaerobe Energiegewinnung- und verursachen zweitens einen relativ großen Systemstress, so dass der Körper darauf auch mit entsprechenden Adaptionen reagiert.

Sehr hohen Belastungen veranlassen den Organismus alle energieliefernden Systeme -damit natürlich auch die für niedrige Belastungen zuständigen- *zu optimieren*.

Muskelfaserrekrutierung

Man unterscheidet zwei Arten von Muskelfasern: langsam kontrahierende „slow twitch" (ST) Fasern sowie schnell kontrahierende „fast twitch" (FT) Fasern. Die FT Fasern werden zusätzlich nach Ihrer Ausprägung in zwei weitere Arten (Typ II_A und Typ II_B) differenzieren.

Bei Muskelkontraktionen werden die Fasern je nach Belastungsintensität in einer vorgegebenen Reihenfolge aktiviert: zu Beginn bei niedriger Belastung die kleinsten, langsamsten und schwächsten ST-Fasern. Allerdings bei weitem nicht alle, sondern immer nur der Teil, der auch tatsächlich benötigt wird. Bei ansteigender Belastung werden dann immer mehr ST-Fasern aktiv. Sind alle rekrutiert, ist der Punkt der maximalen aeroben Leistungsfähigkeit erreicht. Bei weiterem Bedarf werden nachfolgend die schneller zuckenden und stärkeren Fasern des Typ II_A aktiv. Die größten und schnellsten Muskelfasern des Typ II_B werden erst bei maximaler Auslastung dazugenommen und können nur noch kurze Zeit unterstützend helfen. Die Belastung muss dann relativ schnell reduziert werden

Eine Ausnahme der dargestellten Rekrutierung bildet die Forderung nach einem sehr schnellen Kraftanstieg. Hier werden die schneller zuckenden, stärkeren Einheiten von Anfang an aktiviert.

Hochintensives Intervalltraining hat das Ziel, möglichst viele Muskelfasern im Training zu rekrutieren und damit zur Adaption zu bringen. Durch die extrem hohen Belastungsintensitäten werden immer möglichst viele Muskelfasern im Training mit zugeschaltet. Dies ist ein wichtiges Prinzip, das die Wirksamkeit dieser Trainingsform mit begründet.

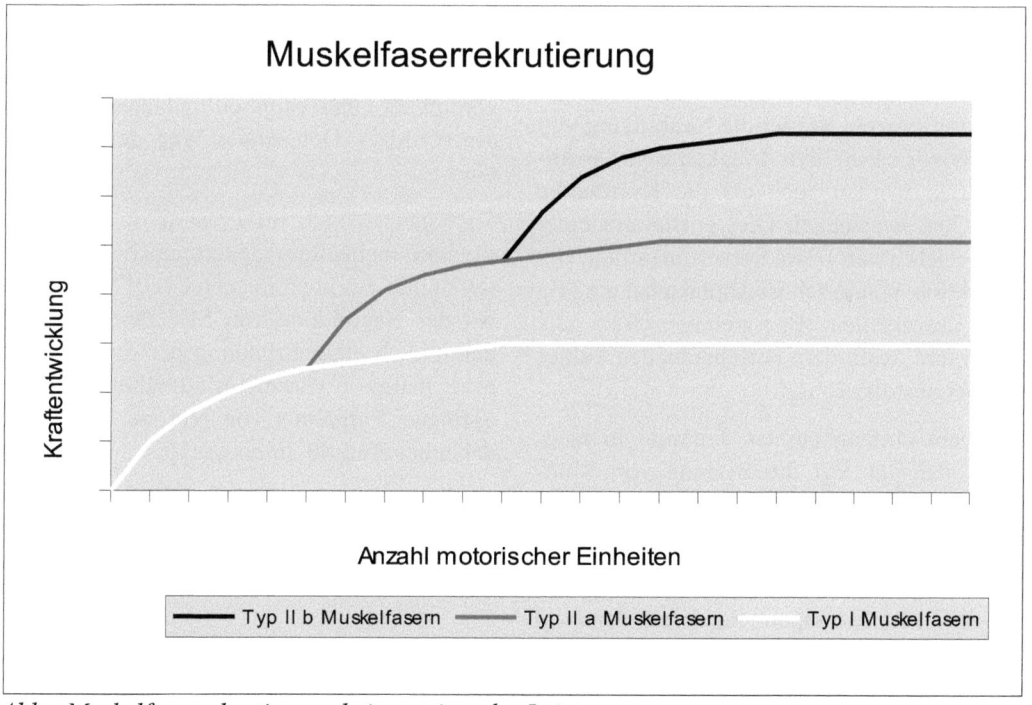

Abb.: Muskelfaserrekrutierung bei ansteigender Leistung

Polarisiertes Training & Mitochondrienneubildung

Wie wir bereits gesehen haben ist die Ausbildung einer möglichst hohen maximalen Sauerstoffaufnahme eines der wichtigsten Leistungskriterien der Ausdauer. Vor allem durch intensives Training können entscheidende Reize gesetzt werden. Ein wichtiger Adaptionsprozess ist hier die Neubildung von Mitochondrien in den Muskelzellen. Mitochondrien werden auch als die Kraftwerke der Zellen bezeichnet. Dies entstammt einer ihrer wichtigsten Funktionen, nämlich der Produktion von Adenosintriphosphat (ATP), dem universellen Energieträger für alle Zellen und damit dem entscheidenden Faktor im Energiestoffwechsel.

Auch ein umfangbetontes Training in niedriger Intensität regt die Bildung von Mitochondrien an. Die Neubildung erfolgt allerdings über eine andere Reizverarbeitung als im intensiven Training.

Die Reizverarbeitungen im hochintensiven Training erfolgt über die AMP-abhängige Kinase (AMP = Adenosinmonophosphat) bei zellulären Energiemangel. Der erste Weg der Neubildung.

Bei lockerem Training über einen längeren Zeitraum herrscht innerhalb der Muskulatur eine dauerhaft hohe Kalziumkonzentration, es kommt zu einer calmodulinabhängigen Kinase (CaMK). Der zweite Weg der Neubildung.

So ergänzen sich im Polarisierten Training das umfangbetonte niederintensive Training (NIT) und das hoch intensive (HIIT) Training bei der Neubildung von Mitochondrien und damit auch einer Erhöhung der so wichtigen maxi-malen Sauerstoffaufnahme. Das optimale Verhältnis von NIT zu HIIT liegt dabei bei etwa 80:20 bis 90:10.

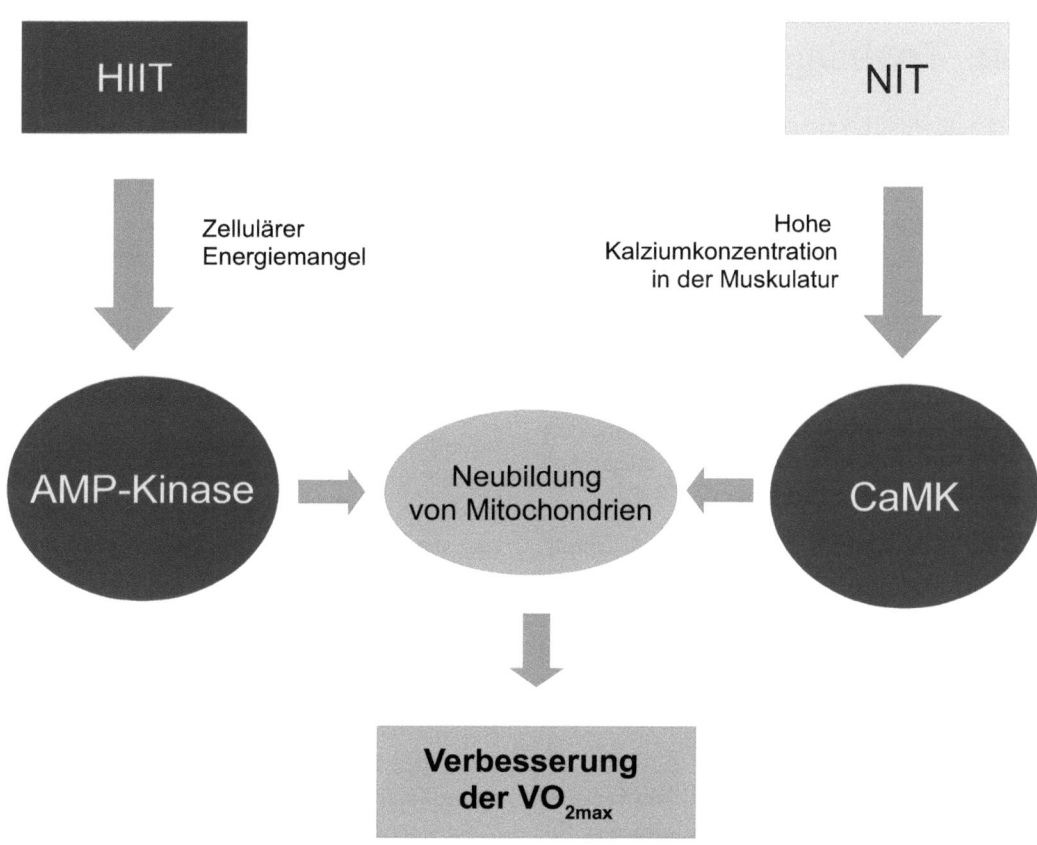

Abb.: Reizverarbeitung zur Bildung von Mitochondrien im Polarisierten Trainingskonzept

Die Trainingsintensität

Belastungshäufigkeit und -dauer lassen sich relativ einfach beschreiben und quantifizieren, bei der Belastungsintensität wird das schon schwieriger. Gebräuchliche Parameter sind die Geschwindigkeit, die Herzfrequenz, anfallende Laktatwerte oder die Messung der absolvierten Leistung, was sich zum Beispiel im Radsport in den letzten Jahren vermehrt durchgesetzt hat. Und auch für Läufer sind bereits erste erschwingliche Systeme zur Leistungsmessung auf den Markt erschienen und werden immer populärer.

In der Trainingspraxis hat sich eine Einteilung in Trainingsbereiche bewährt. So lässt sich der Trainingsumfang in den unterschiedlichen Intensitätszonen quantifizieren. Als Bezugsgröße können sowohl Leistung, Herzfrequenz als auch die Wettkampfgeschwindigkeit herangezogen werden.

Den *Referenzwert* bildet die *individuelle anaerobe Schwelle (IANS)* des Athleten. Sie kann relativ einfach über eine Leistungsdiagnostik bestimmt werden. Dem Verlauf der Leistungskurve werden dann Trainingsintensitäten zugeordnet. Und zwar über die prozentuale Angabe im Verhältnis zur Leistung, Herzfrequenz oder Geschwindigkeit an der individuellen anaeroben Schwelle (IANS). Die Steuerung und Kontrolle erfolgt dann im Training über kontinuierliche Herzfrequenz-, Geschwindigkeits- oder Leistungsmessung.

So ergeben sich sechs Trainingsbereiche, die jeweils spezifische Reize auf die energieliefernden Systeme der Organismus bewirken und damit spezifische Trainingsanpassungen auslösen.

Zusätzlich nimmt man noch einen siebten Trainingsbereich hinzu. Mit sehr hoher Intensität und kurzer Dauer wirkt dieser Bereich dann aber weniger auf die energieliefernden Systeme als vielmehr auf das neuromuskuläre System, also direkt auf die Muskulatur und ihre nervale Ansteuerung.

	Intensitätsbereich					
	1	2	3	4	5	6 & 7
Leistung im Radtraining [% IANS]	< 55	56-75	76-90	91-105	106-120	>120
Leistung im Lauftraining [% IANS]	< 81	81-88	89-95	96-105	106-115	> 115
Herzfrequenz [% IANS]	< 68	69-83	84-94	95-100	> 105	
Subjektive Belastung [RPE]	< 2	2-3	4-5	6-7	7-8	>8

Tab.: Leistungsbereiche (nach Coggan & Vance)

RPE Wert	Belastungsempfinden	Belastungszone	Trainingsbeispiel
1	Sehr locker	Aktive Regeneration	
2	locker	Ausdauer	Extensive Radausfahrt
3	moderat		
4		Tempo	
5	hart		Extensive Intervalle
6	Sehr hart	Laktatschwelle	
7		VO$_{2max}$	Intensive Intervalle
8	Extrem hart	Anaerobes Training	Bergläufe 30sec
9			
10	maximal	Neuromuskuläres Training	Sprinttraining

Tab.: Belastungsempfinden nach der modifizierten RPE Skala (nach Borg)

Bereich 1: Aktive Regeneration

Dieser Trainingsbereich dient der **aktiven Erholung** und optimalen Verarbeitung vorangegangener intensiver Trainings- und Wettkampfbelastungen. Außerdem wirkte er sich positiv auf die Leistungsfähigkeit für nachfolgend intensives Training und Wettkämpfe aus. Das subjektive Empfinden zeigt eine **sehr geringe Belastung**.

Bereich 2: Ausdauertraining

Der Trainingsbereich 2 zielt auf die **Entwicklung der Grundlagenausdauer**. Es wird hauptsächlich der **Fettstoffwechsel** trainiert, der Kohlenhydratstoffwechsel ist nur gering an der Energieversorgung beteiligt. Durch das Training des Fettstoffwechsels wird auch die maximale Laktatbildungsrate verringert. Den Effekt kann man durch sogenanntes „Nüchterntraining" mit entleerten Kohlenhydratspeichern noch steigern. Das Belastungsempfinden ist leicht, eine Unterhaltung während des Trainings problemlos möglich.

Im polarisierten Training bildet diese Belastungszone die Grundlage und gewissermaßen das Fundament des Trainings, der mit Abstand größte Umfang wird in dieser Intensität absolviert.

Bereich 3: Tempotraining

Das Tempotraining findet im mittleren Intensitätsbereich statt und spricht dabei in zunehmendem Maße auch den **Kohlenhydratstoffwechsel** an. Das **Belastungsempfinden ist moderat**, eine Unterhaltung wird schwieriger, ist aber noch möglich.

Es ist vor allem dieser Trainingsbereich der im polarisierten Trainingskonzept weitestgehend gemieden wird und nur eine untergeordnete Rolle spielt.

Bereich 4: Laktatschwellentraining

Das Laktatschwellentraining dient gezielt der Verbesserung der Leistungsfähigkeit im Bereich der individuellen anaeroben Schwelle. Durch das intensive Training wird die **anaerobe Laktatschwelle nach oben** verschoben. Training an der unteren Grenze kann außerdem die **maximale Laktatbild-**

ungsrate verringern. Das **Belastungsempf-inden ist hart bis sehr unangenehm,** es kommt zu Kurzatmigkeit.

Vor allem im Rahmen der Wettkampfvorbereitung wird verstärkt in diesem Bereich trainiert, in der allgemeinen Vorbereitungsperiode spielt er im Rahmen des polarisierten Trainingskonzepts eine untergeordnete Rolle, der eher sparsam zum Einsatz kommt.

Bereich 5: VO$_{2max}$-Training

Das VO$_{2max}$-Training ist durch sehr hohe Belastungen gekennzeichnet. Ziel ist die **Verbesserung der maximalen Sauerstoffaufnahmefähigkeit**. Dafür kommen vor allem intensive Intervalle von 3-8 Minuten Dauer zum Einsatz. Es handelt sich um den Bereich in dem das hochintensive Intervalltraining (HIIT) stattfindet. Eine Unterhaltung ist jetzt nicht mehr möglich, die **Intensität** wird als **sehr unangenehm** und **sehr belastend** empfunden.

Im polarisierten Trainingskonzept bildet dieser Bereich gewissermaßen den Gegenpol zum lockeren niederintensiven Training in der Belastungszone 2 und damit den zweiten wichtigen Eckpfeiler des Trainings.

Bereich 6: Anaerobes Training

Zur Verbesserung von **Laktatverträglichkeit** und **-abbau** arbeitet man in diesem Bereich mit sehr kurzen Intervalle von 20 Sekunden bis 3 Minuten in nahezu maximaler Intensität. Für die Entwicklung der VO$_{2max}$ ist die Belastungsdauer im allgemeinen etwas zu kurz. Training in diesem Bereich setzt einen starken Reiz zur **Erhöhung der maximalen Laktatbildungsrate**. Die **Intensität** wird als **extrem belastend** empfunden!

Bereich 7: Neuromuskuläres Training

Das neuromuskuläre Training findet in maximaler Intensität bei sehr kurzer Dauer unter 8 Sekunden statt. Es zielt damit weniger auf die energieliefernden Systeme des Organismus. Stattdessen wirkt es vielmehr auf das **neuromuskuläre System**, also direkt auf die Muskulatur und deren nervale Ansteuerung.

Leistungsdiagnostik

Eine Leistungsdiagnostik liefert wesentliche Voraussetzungen für die Trainingssteuerung indem sie unter anderem die Grundlage für die Bestimmung der Trainingsbereiche bietet. Wird sie in regelmäßigen Abständen durchgeführt gibt sie auch Rückmeldung über die Effektivität der eingesetzten Trainingsmaßnahmen.

Das Ziel einer leistungsdiagnostischen Untersuchung kann dahingehend definiert werden, dass das sportliche Leistungsvermögen einerseits

- untersucht und beurteilt werden soll

sowie mit Hilfe der Analyseergebnisse

- Informationen zur **Bestimmung von Trainingsbereichen** bereitgestellt werden können
- eventuell regulierend in die weitere Trainingsplanung und -gestaltung eingegriffen werden kann.

Für uns ist in diesem Zusammenhang die Bestimmung der Trainingsbereiche die vorrangige Zielstellung. Dazu bedienen wir uns Testverfahren, die die Höhe der anaeroben Schwelle bestimmen.

Der **Laktatleistungstest** sowie die **Spiroergometrie (Atemgasanalyse)** stellen für Ausdauersportler die gebräuchlichsten Verfahren im Bereich der geräteunterstützten Leistungsdiagnostik dar. Sie werden in allen Leistungskategorien -vom Hochleistungs- bis hin zum Gesundheitssport- erfolgreich eingesetzt.

Neben diesen bewährten Methoden bestehen noch zahlreiche weitere Möglichkeiten und Verfahren, die sich in ihren Zielsetzungen, dem benötigten Aufwand und ihrer Aussagekraft teilweise ergänzen, teilweise aber auch deutlich voneinander abgrenzen lassen. Wir zeigen in diesem Kapitel mit dem **Zeitfahrtest (Tempodauertest)** eine einfache Möglichkeiten der selbständigen Ermittlung der individuellen anaeroben Schwelle.

Einflussfaktoren auf die Testqualität

Um objektive und nachvollziehbare Tester-gebnisse zu erhalten, sollten bei einer Leistungsdiagnostik möglichst viele der folgenden Bedingungen zutreffen, beziehungsweise müssen diese bei der Interpretation der Testergebnisse berücksichtigt werden:

- keine Wettkämpfe/harte Trainings-einheit 48 Stunden vor dem Test

- kein Training mittlerer Intensität über 120 Minuten Dauer in den letzten 48 Stunden vor dem Test

- kein Training niederer Intensität über mehrere Stunden in den letzten 48 Stunden vor dem Test

- keine kohlenhydratreduzierte Diät

- kein übermäßiger Alkoholgenuss am Vorabend

- keine Krankheit in der letzten Woche

- möglichst routinemäßiger Test-zeitpunkt (Vormittag/Nachmittag)

Diese Bedingungen sollten unbedingt mit ins Testprotokoll aufgenommen werden um eventuelle Unregelmäßigkeiten richtig interpretieren zu können. Sowohl die weitere Trainingsplanung, als auch der Vergleich mit früheren Testergebnissen ist ansonsten ungenauer und damit weniger aussagekräftig.

Der Tempodauertest

Die Leistung an der individuellen anaerobe Schwelle entspricht ziemlich genau der Leistung, die über eine Stunde aufrecht erhalten werden kann. Man spricht deshalb auch von der „*Stundenkapazität*". So kann man über einen Feldtest einfach und doch präzise seine Laktatschwelle bestimmen.

Der Tempodauertest kann prinzipiell auf alle Ausdauersportarten angewendet werden. Ursprünglich kommt er aus dem Radsport, wo er noch eine große Popularität geniest. Seine Durchführung ist einfach und bringt praktikable Ergebnisse mit sich.

Testdurchführung

Nach einem ausgiebigen Aufwärmen mit ein paar integrierten Temposteigerungen beginnt man mit dem eigentlichen Test. Je nach Bezugsgröße wird er folgendermaßen absolviert:

→ Bezugsgröße *Puls*:

- 20 min Zeitfahren / scharfer Tempodauerlauf / sonstige Sportart

- Messung des Durchschnittspulses der letzten 10 Minuten (die ersten 10 Minuten werden für die „Einregulierung" des Pulses benötigt)

→ Bezugsgröße *Leistung*:

- 20 min Zeitfahren /Ruderergometer/ sonstige Sportart

- Messung des Durchschnittsleistung über die 20 Minuten

Die Leistung an der anaeroben Schwelle entspricht der Leistung, die maximal über eine Stunde erbracht werden kann. Entsprechend subtrahiert man von den ermittelten Puls- bzw. Leistungswerten, die sich ja aus einem Test über 20 Minuten ergeben, noch 5 Prozent. Erfahrungsgemäß korreliert der ermittelte Werte ganz gut mit Puls- und Leistung in einem einstündigen Wettkampf, also der tatsächlichen maximalen Stundenleistung. Außerdem werden für die Trainingspraxis ja auch Bereiche für die Trainingsintensität genutzt, so dass der aus dem Test ermittelte Wert trotzdem als praktikable Bezugsgröße für die Bestimmung der Trainingsbereiche herangezogen werden kann.

Trainingsplanung

Im polarisierten Ausdauertraining werden im wesentlichen zwei Trainingsmethoden eingesetzt. Für das Grundlagentraining die extensive Dauermethode, für das (hoch-)intensive Training die (hoch-)intensive Intervallmethode. Im späteren Verlauf der speziellen Wettkampfvorbereitung werden dann auch vermehrt extensive Intervalle und die progressive Dauermethode verwendet. Ihr Einsatz dient dann vor allem der Verringerung der maximalen Laktatbildungsrate.

Die Belastungen entsprechen hauptsächlich der Belastungszone 2 sowie der Zone 5 innerhalb des intensiven Intervalltrainings. Vor allem die stark belastende Zone 3 wird gemieden. Die Zonen 6 und 7 haben im Ausdauertraining eine untergeordnete Bedeutung und kommen ebenfalls eher selten zum Einsatz. Sie dienen der Verbesserung von Schnelligkeit und Schnelligkeitsausdauer, haben damit aber natürlich vor allem bei „kürzeren" Ausdauerdisziplinen oder Sportarten mit ausgeprägten Zwischen- und Endspurts ihre Bedeutung und werden da dann auch vermehrt ins Training integriert.

Dauermethode

Die Dauermethode ist durch eine kontinuierliche, ununterbrochene Belastung gekennzeichnet, je nach Intension kann sie in unterschiedlicher Variation durchgeführt werden. Für das polarisierte Training hat sich vor allem die extensive Dauermethode bewährt, in der speziellen Vorbereitung auf längere Ausdauerwettkämpfe kann man auch sehr gut die progressive Variante ins Training integrieren.

Extensive Dauermethode

Bei der extensiven Dauermethode bewegt sich die Intensität im leichten bis mittleren Bereich, in unserem Modell der sieben Belastungsbereiche entspricht das den Intensitätszonen 1 und 2. Die Dauer der Belastung richtet sich nach Intension und Sportart, während zum Beispiel im Laufen Belastungen ab etwa 30 Minuten eingesetzt werden, verbringen Radsportler auch mal bis zu fünf, sechs Stunden auf dem Fahrrad.

Neben der *Ökonomisierung* des Herz-Kreislauf-Systems geht es vor allem auch um das Training des *Fettstoffwechsel*s sowie die *Senkung* der *maximalen Laktatbildungsrate*.

Progressive Dauermethode

Die progressive Dauermethode startet wie die extensive Methode mit niedriger Intensität. Im Laufe des Trainings wird diese dann kontinuierlich bis in die Belastungszone 4 gesteigert. Beispielsweise kann ein 12 Kilometer Dauerlauf in drei Abschnitte unterteilt werden. Die ersten vier Kilometer läuft man in Belastungszone 2, die zweiten vier Kilometer in Belastungszone 3 und den Rest absolviert man in Belastungszone 4.

Das vorrangige Ziel der progressiven Dauermethode ist die S*enkung der maximalen Laktatbildungsrate*.

Intervallmethode

Die Intervallmethode hat im polarisierten Trainingskonzept einen besonderen Stellenwert. Sie ist durch einen planmäßigen Wechsel von Be- und Entlastungsphasen geprägt. Durch die Kombination von Belastungsdauer und -intensität ergeben sich unterschiedliche Varianten. Eine spezielle Form ist das hochintensive Intervalltraining (HIIT), das im Rahmen des polarisierten Trainingsmodells eine geradezu optimale und sehr effektive Trainingsmethode und Ergänzung zum aeroben Grundlagentraining darstellt.

Nachfolgend eine Übersicht über unterschiedliche Trainingsprogramme innerhalb der Intervallmethode.

Extensive Intervalle

Extensive Intervalle dienen der *Verminderung der maximalen Laktatbildungsrate* sowie -bei niedrigerem Leistungsniveau- der *Anhebung der anaeroben Schwelle*.

Die *Eckdaten* extensiver Intervalle:

- Trainingsmethode: Intervalle
- Belastungsdauer: 6 - 20 Minute
- Belastungsintensität: obere Zone 3 / untere-mittlere Zone 4
- Pausendauer: 0,25 – 0,5 fache der Belastungsdauer
- Belastungsumfang: 3-8 Wiederholungen

Intensive Intervalle

Intensive Intervalle zielen neben einer *Anhebung der Laktatschwelle* auch auf eine *Verbesserung der maximalen Sauerstoffaufnahme*, dazu sollte sich der Athlet im oberen Bereich der Zone 4 an -oder leicht über- der anaeroben Schwelle belasten, bei kürzeren Intervallen auch deutlich darüber in der Intensitätszone 5. Die Pausendauer wird dann entsprechend der höheren Belastung etwas verlängert.

Die *Eckdaten* intensiver Intervalle:

- Trainingsmethode: Intervalle
- Belastungsdauer: 2 - 6 Minuten
- Belastungsintensität: obere Zone 4/Zone 5
- Pausendauer: 0,5 – 1,0 fache der Belastungsdauer
- Belastungsumfang: 3-8 Wiederholungen

Hochintensives Intervalltraining (HIIT)

Das Ziel des hochintensiven Intervalltrainings besteht vor allem darin, die *maximale Sauerstoffaufnahme* zu *erhöhen*. Dazu bewegt sich die Intensität der Belastung auf jeden Fall oberhalb der anaeroben Schwelle, also in der Belastungszone 5. Je länger sich der Athlet oberhalb seiner anaeroben Schwelle belastet, desto effektiver wird das Training. Das Problem besteht dabei allerdings darin, dass je näher sich der Athlet an seiner maximalen Sauerstoffaufnahmefähigkeit bewegt, desto kürzer fällt die maximal mögliche Belastungsdauer aus.

Eine Möglichkeit um die Trainingsintensität über einen längeren Zeitraum auf einem hohen Niveau zu halten, sind sogenannte intermittierende Intervalle. Durch regelmäßig wiederkehrende kurzen „Pausen" fällt der Laktatanstieg langsamer aus und die Belastung kann länger gehalten werden. Trotz der sehr hohen Belastungsintensität wird das Training als weniger anstrengend empfunden als die Belastung vermuten lässt. Hochintensive Intervalle werden in der Trainingsintensität 5 absolviert. Die Gesamtdauer der einzelnen Intervallserien sollte nach Möglichkeit mindestens 4 Minuten betragen. Kürzere Zeiträume sind für die Entwicklung der VO$_{2max}$ deutlich weniger effektiv. Die ursprünglichen „Grundvarianten" aus denen sich das HIIT-Training entwickelt hat, sind *Aerobe Intervalle, Intermittierende Intervalle* sowie *Tabata- Intervalle*. Sie können nach Bedarf auch leicht abgewandelt und den Bedürfnissen des Athleten angepasst werden.

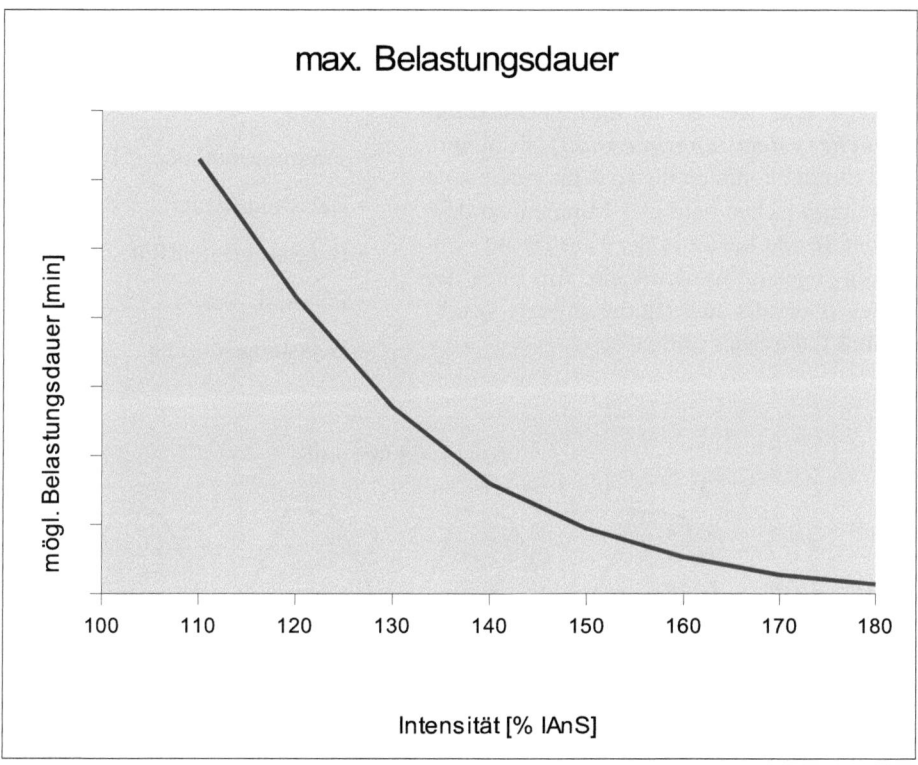

Abb.: maximale Belastungsdauer und Trainingsintensität

Aerobe Intervalle

Aerobe Intervalle haben eine Dauer von 4 Minuten und werden in **nahezu maximal möglicher Belastungsintensität** absolviert. Zum Einsatz kommen bis zu 4 Intervalle. Die Pause dazwischen beträgt 3 Minuten, so dass das anfallende Laktat in der Pause nicht vollständig abgebaut werden kann. Am Ende des vierten Intervalls sind Blutlaktatwerte von 8-12 mml/L durchaus üblich.

Die **Eckdaten** aerober Intervalle:

- Trainingsmethode: Intervalle
- Belastungsdauer: 4 Minuten
- Belastungsintensität: Zone 5
- Pausendauer: 3 Minuten
- Belastungsumfang: 2-4 Wiederholungen

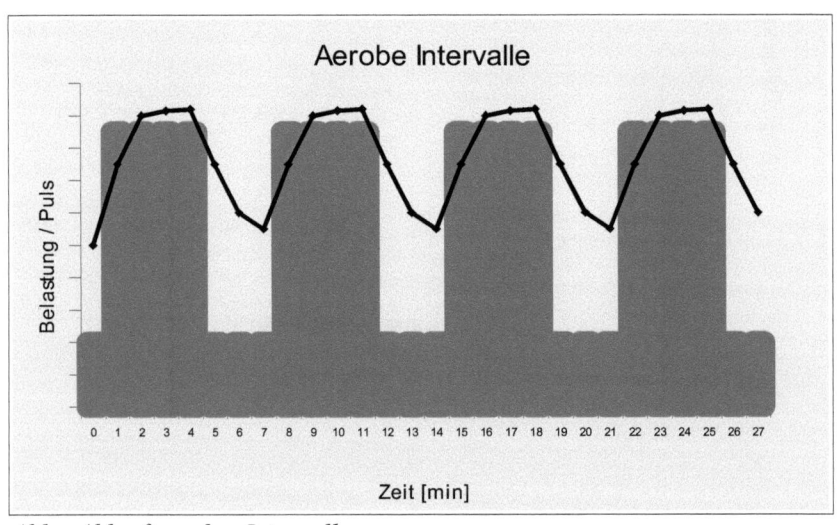

Abb.: Ablauf aerober Intervalle

Intermittierende Intervalle

Intermittierende Intervalle haben eine kurze Dauer von 15 bis maximal 30 Sekunden, die Pausen entsprechen der Belastungsdauer. So erreicht man über längere Zeiträume eine Herz-Kreislaufbelastung auf einem sehr hohen Niveau. Durch die regelmäßig wiederkehrenden kurzen „Pausen" fällt der Laktatanstieg langsamer aus und die Belastung kann länger gehalten werden. Trotz der sehr hohen Belastungsintensität wird das Training als weniger anstrengend empfunden.

Die *Eckdaten* intermittierender Intervalle:

- Trainingsmethode: Intervalle
- Belastungsdauer: 15-30 Sekunden
- Belastungsintensität: Zone 5-6
- Pausendauer: entspricht
                      Belastungsdauer
- Belastungsumfang: 8-20 Wiederholungen / 1-3 Serien

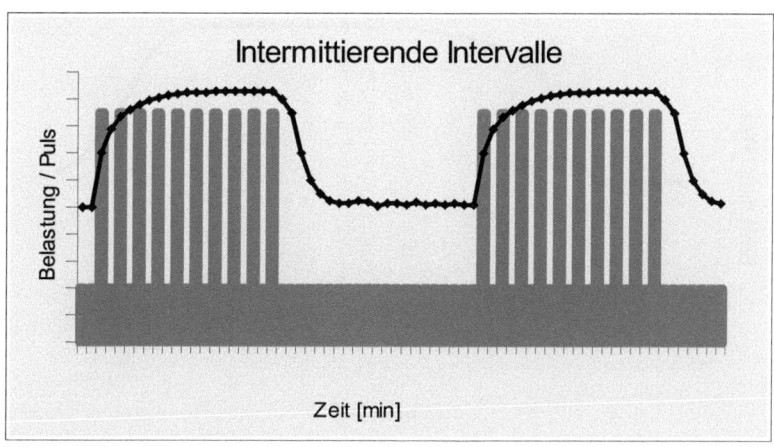

Abb.: Ablauf intermittierender Intervalle

Tabata-Intervalle

Tabata Intervalle sind eine abgewandelte Form intermittierender Intervalle. Belastungsphasen haben eine Länge von 20 Sekunden, die Pausen lediglich eine Dauer von 10 Sekunden. Die Intensität innerhalb der Intervalle ist annähernd maximal, so dass eine extrem hohe Auslastung des Herz-Kreislaufsystems gewährleistet ist. Daher wird im Normalfall auch nur eine Serie absolviert.

Die **Eckdaten** von Tabata-Intervallen:

- Trainingsmethode: Intervalle
- Belastungsdauer: 20 Sekunden
- Belastungsintensität: Zone 5-6
- Pausendauer: 10 Sekunden
- Belastungsumfang: 8 Wiederholungen

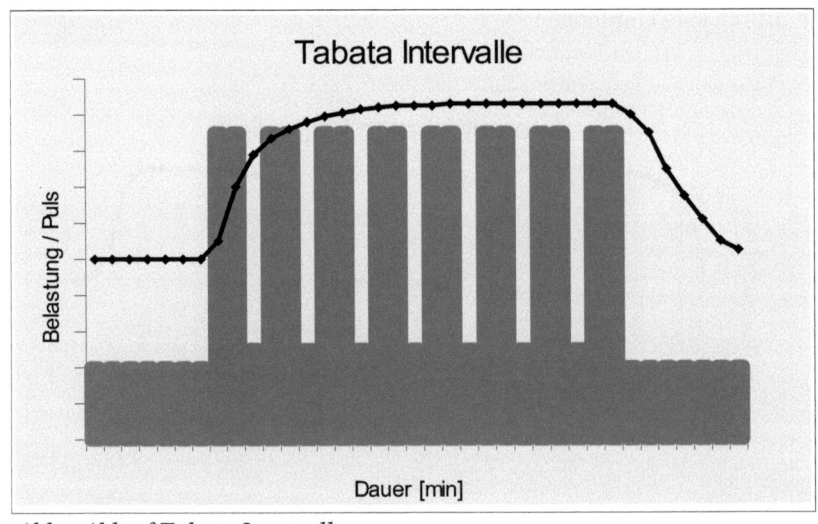

Abb.: Ablauf Tabata Intervalle

Long-Tabata Intervalle

Long-Tabata Intervalle sind eine verlängerte Form klassischer Tabata Intervalle. Die Intervalle haben eine Länge von 40 Sekunden und eine Pausendauer von 20 Sekunden. Es werden 8 Intervalle absolviert, so dass die Gesamtbelastungsdauer länger ausfällt als bei der „klassischen" Form, die Intensität dementsprechend darunter natürlich etwas „leidet" und niedriger ausfällt. Der Vorteil besteht dafür in der längeren Gesamtbelastungsdauer.

Die *Eckdaten* von Long-Tabata-Intervallen:

- Trainingsmethode: Intervalle
- Belastungsdauer: 40 Sekunden
- Belastungsintensität: Zone 5
- Pausendauer: 20 Sekunden
- Belastungsumfang: 8 Wiederholungen

Jahresperiodisierung

Eine gezielte Trainingsplanung ist für den leistungsorientierten Sportler unverzichtbar. Man teilt das Trainingsjahr in verschiedene Perioden ein, die ihre jeweiligen Aufgaben zu erfüllen haben und den Sportler optimal auf die wichtigen Wettkämpfe vorbereiten. Nach den Wettkämpfen plant man eine längere Ruhephase, so dass man sich physisch und psychisch vom vorausgegangenen Trainings- und Wettkampfstress erholen und frisch in den nächsten Planungsabschnitt gehen kann.

Jahresplanung

Die Jahresplanung orientiert sich an einem oder mehreren Wettkampfhöhepunkten. Dementsprechend wird das Jahr in einen oder mehrere Makrozyklen eingeteilt. Der Hauptwettkampf ist dann jeweils an das Ende eines Makrozyklus terminiert. Hier soll der Athlet seine maximale Leistungsfähigkeit erreichen.

Die Grundlage *des Jahrestrainingsplans* stellen vor allem die folgenden Trainingsprinzipien dar:

- **Prinzip der Zyklisierung**

  Das Trainingsjahr wird gezielt in aufbauende, stabilisierende und reduzierende (erholende) Belastungsphasen unterteilt. Dasselbe Prinzip wird auch kurz- und mittelfristig innerhalb dieser Trainingsphasen angewendet. So wirkt man Überlastungen entgegen und kann Leistungsspitzen zu Wettkampfhöhepunkten herausbilden.

- **Prinzip der zunehmenden Spezialisierung**

  Um eine optimale Leistungsentwicklung zu gewährleisten, muss der Anteil des speziellen Trainings während des Jahresverlaufs gegenüber dem allgemeinen Training systematisch erhöht werden.

- **Prinzip der richtigen Belastungsfolge**

  In Abhängigkeit von der Leistungsstruktur sind kognitive, konditionelle und technisch-koordinative Trainingsaufgaben sinnvoll abzustimmen und wirksam zu verknüpfen.

- **Prinzip der permanenten Trainingssteuerung**

  Für die optimale und wirkungsvolle Steuerung des Trainings sind Daten der Leistungsdiagnostik, sowie der Trainings- und Wettkampfanalyse zu erheben, zu nutzen und planbezogen zu bewerten.

Für die Anwendung mehrerer Makrozyklen im Jahresverlauf können vor allem folgende Gesichtspunkte sprechen:

→ Hohe Wettkampfdichte im Trainingsjahr.

→ Intensivierung des Trainingsprozesses, d.h. es wird, über das gesamte Jahr die Möglichkeit genutzt einen höheren Anteil an intensiven Trainingsmitteln einzusetzen.

→ Kürzere, sich öfter wiederholende Etappen ermöglichen eine einfachere und bessere Planung und Steuerung.

→ Vermeidung von Monotonie und Eintönigkeit im Jahresverlauf und damit eine bessere psychische Stimulierung und höhere Motivation der Sportler.

Gerade leistungsstarke Athleten, die im Jahresverlauf auch an mehreren Wettkämpfen auf hohem Niveau teilnehmen wollen, profitieren von mehreren kürzeren Makrozyklen. In der Weltspitze wird auch verstärkt nach dem Prinzip der Blockperiodisierung trainiert: der Sportler arbeitet mit einer ausgeprägten

Blockbildung für die Herausbildung einzelner konditioneller Fähigkeiten. Der Grund liegt unter anderem darin, dass es vor allem auf hohem Leistungsniveau extrem schwierig wird mehrere konditionelle Fähigkeiten parallel zu entwickeln. Aber auch Athleten auf niedrigerem Leistungsniveau profitieren von dieser Herangehensweise.

Wenn ein Jahr mit zwei oder mehr Makrozyklen geplant wird, sind Dauer und Inhalt der einzelnen Etappen sehr unterschiedlich. Zum Beispiel trägt bei einer mehrfach zyklischen Trainingsplanung der erste Makrozyklus einen klaren Basischarakter. Er umfasst vorwiegend ein komplexes Training und Teilnahme an zweitrangigen Wettkämpfen. In der weiteren Saisonphase wird das Training dann mit einer gezielteren Wettkampfvorbereitung wesentlich spezifischer gestaltet, so dass dann die maximale individuelle Leistungsfähigkeit des Athleten erreicht wird.

Makrozyklus

Ein Makrozyklus erstreckt sich über mehrere Monate bis zu einem ganzen Jahr. Der Periodisierung innerhalb des Makrozyklus liegt eine *systematische Belastungserhöhung* und *Spezialisierung* zugrunde. Um das sicherzustellen, orientiert man sich im Rahmen eines polarisierten Trainingsaufbaus an folgenden Richtlinien:

- Wechsel der Trainingsreize
- allmähliche Zunahme der Spezifik
- Blockbildung spezieller Trainingsinhalte

Der Makrozyklus wird in kürzere Phasen von jeweils 3-4 Wochen untergliedert. Diese Mesozyklen dienen dann jeweils dem Training einer ausgewählten Zielsetzung.

Woche	Mesozyklus	Trainingsperiode	Trainingsschwerpunkte
1-4	1	Allgemeine Vorbereitungsperiode	• aerobes Ausdauertraining • intensive Intervalle • Athletik- & Krafttraining
5-8	2		
9-12	3		
13 - 15	4	Spezielle Vorbereitungsperiode	• Schwellentraining • aerobes Ausdauertraining
16 - 18	5		
19 - 21	6	Wettkampfperiode	• lockeres Training • „Erhaltungstraining"

Tab.: Beispiel einer Trainingplanung im Makrozyklus

Der Umfang des extensiven Trainings steigt innerhalb der **allgemeinen Vorbereitungsperiode** kontinuierlich an und erreicht an dessen Ende sein Maximum, der Anteil des intensiven Trainings liegt zwischen 15 und 20 Prozent. Im Laufe der Vorbereitungsperiode werden die intensiven Intervalle systematisch verlängert. Durch die generelle Umfangssteigerung wird auch der Umfang des intensiven Trainings bis zum Ende dieser allgemeinen Phase immer größer, der prozentuale Anteil bleibt konstant zwischen 15 und 20. Begleitend wird über den kompletten Zeitraum ein Kraft- und allgemeines Athletiktraining durchgeführt.

In der **speziellen Vorbereitungsperiode** wird das aerobe Training auf einem gleichbleibend mittleren Niveau gehalten, dies dient dem Erhalt der aeroben Grundlagen. Der Anteil der intensiven Intervalle geht jetzt deutlich zurück, das Training ist in dieser Phase durch spezifische Belastungen geprägt, die in ihrer Struktur der Wettkampfbelastung ähneln. Abgesehen von den „kurzen" Ausdauerdisziplinen, wie etwa dem leichtathletischen Mittelstreckenlauf oder Disziplinen die durch eine sehr starke Wettkampfdynamik mit rennentscheidenden Zwischen- und Endspurts geprägt sind, ist in der speziellen Vorbereitung eine Senkung der maximalen Laktatbildungsrate eine wichtige Zielsetzung. Daher kommen jetzt vermehrt extensive Intervalle und die progressive Dauermethode in den Intensitätsbereichen 3 und 4 zum Einsatz. Kraft- und Athletiktraining nehmen einen untergeordneten Part ein und und dienen lediglich dem Erhalt des erarbeiteten Niveaus.

In der **Wettkampfperiode** werden sowohl intensives als auch extensives Training reduziert, die intensiven Belastungen ergeben sich automatisch durch die Wettkämpfe, das aerobe Training hat in dieser Phase auch regenerativen Charakter und dient nur noch dem Erhalt des aeroben Ausdauerniveaus.

Nachfolgende Tabelle kann als Orientierung für die Durchführung und den Trainingsanteil an intensiven und extensiven Inhalten herangezogen werden.

	Intervalltraining		
	Anteil am Ausdauertraining		Bevorzugte Trainingsmethoden
	Intensive Intervalle	Schwellentraining	
AVP	15 – 20 %	0 – 5 %	• HIIT • intensive Intervalle
SVP	5 – 10 %	10 - 15 %	• Extensive Intervalle • Progressive Dauermethode • intensive Intervalle
WP	5 – 10 %	5 - 10 %	• HIIT • extensive Intervalle

Tab.: Beispiel für bevorzugte Methoden im Intervalltraining im Makrozyklus

Mesozyklus

Ein Mesozyklus erstreckt sich normalerweise auf drei bis maximal sechs Wochen. In diesem diesem Zeitraum vollziehen sich stabile Anpassungen im Organismus, so dass mit jeder neuen Phase ein neuer Trainingsschwerpunkt gelegt werden kann.

Die Grundlage *eines Mesozyklus* stellt vor allem das *Prinzip der optimalen Relation von Belastung und Erholung* dar. Nach einer belastenden Trainingsphase muss immer auch eine Phase der Entlastung folgen um dem Organismus Zeit zu morphologischen und funktionellen Trainingsanpassungen zu geben. Anschließend können neue Reize und andere Trainingsschwerpunkte gesetzt werden. In diesem Zusammenhang hat es sich bewährt, dass nach zwei bis drei Wochen eine Phase reduzierter Belastung eingeplant wird um dem Athleten die dringend notwendige Regenerationsphase zu verschaffen. Der Umfang kann durchaus auf 50-70 Prozent des „normalen" Pensums einer Belastungswoche reduziert werden, vor allem nach einer Phase mit einem ausgeprägten Belastungsblock.

Dies dient der psychischen und physischen Regeneration und beugt Übertraining vor. Mögliche Varianten für einen sechswöchigen Mesozyklus sind in den nachfolgenden Abbildungen dargestellt.

2:1 Rhythmus (Welle)

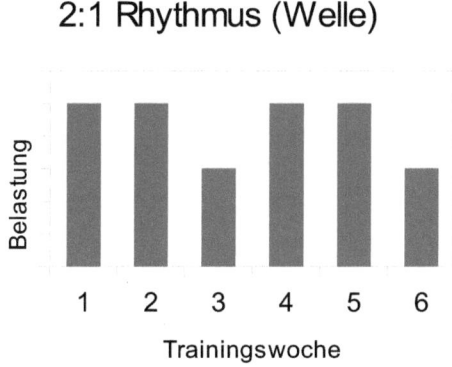

2:1 Rhythmus (Säge)

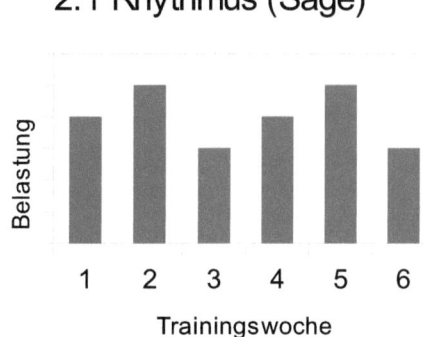

Abb.: Varianten eines 6 wöchigen Mesozyklus

Trainingsblöcke

Trainingsblöcke dienen dem gezielten Einsatz von Gipfelbelastungen. Meist werden sie zur Entwicklung ausgewählter konditioneller Fähigkeiten im mittleren bis späteren Verlauf eines Makrozyklus eingesetzt. Klassisches Beispiel ist das „Frühjahrs"-Trainingslager mit großen Umfängen zur maximalen Ausprägung der aeroben Fähigkeiten am Ende der allgemeinen Vorbereitungsperiode. Aber auch intensives Intervalltraining kann in einem Trainingsblock als Gipfelbelastung genutzt werden.

Welchen Vorteil bieten gezielt auf einen oder wenige konditionelle Fähigkeiten ausgerichtete Trainingsblöcke?

- Die konzentrierte Belastung auf eine oder wenige konditionelle Fähigkeiten stellt einen konzentrierten und optimalen Trainingsreiz dar. Vor allem auf hohem Leistungsniveau ist es äußerst schwierig bis nahezu unmöglich mehrere konditionelle Fähigkeiten gleichzeitig weiter zu steigern.

- Durch Konzentration auf wenige konditionelle Fähigkeiten vermeidet man die gleichzeitige Ausprägung miteinander konkurrierender Fähigkeiten. Ein „Mischtraining" kann sozusagen zu Konflikten in physiologischen Anpassungsvorgängen führen und eine weitere Leistungsentwicklung behindern.
Der Körper kann nur eine begrenzte Anzahl an trainingswirksamen Reizen gleichzeitig verarbeiten, diesen Gesichtspunkt berücksichtigt man mit einer ausgeprägten Blockbildung im Training.

Anpassungen des Organismus verlaufen nicht linear, zu Beginn eines Trainingsblocks sind wesentlich größere Steigerungsraten zu verzeichnen. Nach etwa zwei bis drei Wochen verlangsamt sich die Adaption merklich. So bietet sich aus diesem Gesichtspunkt ein Trainingsblock von maximal dieser Dauer an. Danach wird dann das Augenmerk auf andere Fähigkeiten gelegt und das Training entsprechend verändert.

Innerhalb des polarisierten Trainings bieten sich natürlich vor allem die beiden Extreme -lockeres Grundlagentraining und hochintensives Intervalltraining- zur Blockbildung und punktuellen Steigerung der Trainingsbelastung an.

Ausdauerblock

Ein Ausdauerblock dient der gezielten Verbesserung der aeroben Ausdauer. Der ideale Zeitpunkt für seinen Einsatz ist das Ende der allgemeinen Vorbereitungsperiode. Hier bietet sich ein zweiwöchiges Trainingslager mit dem Schwerpunkt „umfangorientiertes Training in niedriger Intensität" an. In der speziellen Vorbereitungsperiode kann das Ausdauerniveau dann durch ein „Erhaltungstraining" stabilisiert werden. Ansonsten dient das Hauptaugenmerk in der speziellen Vorbereitungsperiode der Ausprägung der wettkampfspezifischen Fähigkeiten. Eventuell kann dann ein 5-7 tägiger Ausdauerblock mit sehr hohen Umfängen in die spezielle Vorbereitung zur „Auffrischung" und eventuell weiterer Steigerung der aeroben Ausdauer eingebaut werden.

HIIT Block

Ein HIT-Block dient der gezielten Anhebung der maximalen Sauerstoffaufnahmefähigkeit. HIIT Blöcke stellen durch die hohe Trainingsintensität einen enormen Stress für den Organismus dar. Sie sollten daher sparsam eingesetzt und maximal 2-3 mal pro Jahr absolviert werden. Im Block können durchaus auch zwei HIIT-Trainingseinheiten pro Tag durchgeführt werden, ergänzendes Training sollte sparsam, mit geringem Umfang und nur in niedriger Intensität eingeplant werden. Nach einem HIIT-Block ist auf jeden Fall eine „Ruhewoche" mit leichtem Training in niedriger Intensität einzuplanen.

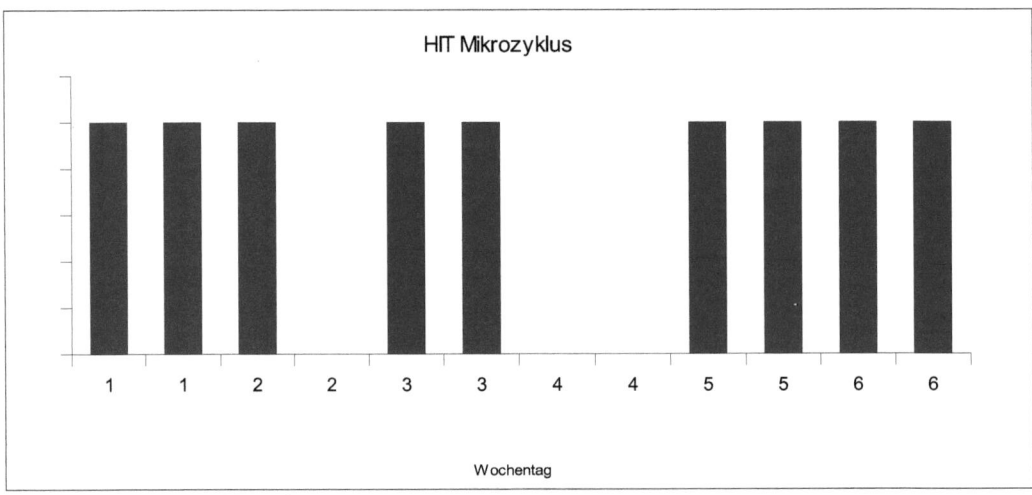

Abb.: HIIT-Mikrozyklus über 6 Tag

Hinweise für die Durchführung von HIIT-Blöcken:

- Durchführung das HIIT Blocks nur in erholtem Zustand.
- Maximal 3-4 einzelne Schockzyklen (5-7 Tage) pro Jahr.
- Doppel-Schockzyklen (10-14 Tage): maximal 2 pro Jahr.
- Spätestens nach 3 Trainingstagen ein Ruhetag.
- Ergänzendes Training sollte sparsam, mit geringem Umfang und nur in niedriger Intensität eingeplant werden (Erhaltungstraining).
- Nach Schockzyklen ruhige „Erholungswoche" mit aerobem Grundlagentraining niedriger Intensität.

Wochenplanung

Innerhalb der Wochenplanung geben die intensiven Einheiten das Gerüst vor. Die weiteren aeroben Einheiten im niedrigen Intensitätsbereich werden ergänzend dazugenommen. Es ist darauf zu achten, dass diese Trainingseinheiten, vor allem vor dem intensiven Trainingstag, nicht zu belastend sind und die daraus resultierende Regeneration zu viel Zeit in Anspruch nimmt! Es gilt Kräfte für hohen Intensitäten zu „sparen"!

Die wichtigsten Funktionen der Wochenplanung sind vor allem:

→ **Sicherung eines optimalen Beanspruchungs- und Erholungsverhältnisses.**
Daher wechseln im Wochenverlauf Tage mit hoher Belastung mit Tagen niedrigerer Belastung ab. Die Trainingsbelastung ergibt sich dabei sowohl aus Umfang als auch Intensität. Wichtig ist in diesem Zusammenhang die richtige Platzierung der wichtigen Einheiten im Wochenverlauf.

→ **Steuerung der Trainingseinheiten**, so dass sie optimal in die gewünschte Zielsetzung des übergeordneten Mesozyklus passen.

Generell kann man eine Trainingswoche nach zwei unterschiedliche Arten der Belastungsgestaltung ausrichten :

1. **gleichgerichtete Belastungen:**
   die Trainingsinhalte des Mikrozyklus sind durch gleichartige Wirkrichtungen gekennzeichnet. Das bedeutet, dass in den einzelnen Trainingseinheiten das Hauptaugenmerk auf die Herausbildung einer bestimmten Fähigkeit gelegt wird. Dies ist die Vorgehensweise wenn man mit Trainingsblöcken arbeitet und gezielte Gipfelbelastungen zur Herausbildung einer speziellen Fähigkeit einsetzt.

2. **unterschiedlich gerichtete Belastungen:**
   die Trainingsinhalte des Mikrozyklus

sind durch unterschiedliche Wirkrichtungen gekennzeichnet. Das bedeutet, dass die Leistungsfähigkeit mit komplexen Trainingsmitteln unteschiedlicher Zielesetzung herausgebildet wird.

Die Struktur der gleichgerichteten Belastungen kommt vor allem in der zweiten Phase der Vorbereitungsperiode zum Einsatz, klassisches Beispiel ist des bereits erwähnte umfangbetonte Trainingslager für die gezielte Entwicklung der aeroben Grundlagenausdauer.

Unterschiedlich gerichtete Belastungen haben sich zur Schaffung allgemeiner Grundlagen in der ersten Phase der Vorbereitungsperiode sowie in der Wettkampfperiode bewährt. Innerhalb der Wettkampfperiode dienen sie vor allem dem Erhalt der einzelnen Fähigkeiten und zur psychischen und physischen Regeneration.

Unabhängig von der Art der gewählten Belastungsgestaltung muss innerhalb einer Trainingswoche eine sinnvolle Abfolge der Trainingseinheiten geplant werden. Das effektive Training der einzelnen konditionellen Fähigkeiten bedarf unterschiedlicher physischer Voraussetzungen. Benötigt das Training der maximalen Schnelligkeit beispielsweise einen sehr erholten Zustand, so kann das Krafttraining für den Muskelaufbau auch in leicht ermüdetem, das Training der aeroben Ausdauer sogar noch in stark ermüdetem Zustand absolviert werden. Generell gilt: Schnelligkeit, Koordination und alle intensiven Einheiten sollten in erholtem und frischem Zustand durchgeführt werden. Die Grafik auf der gegenüberliegenden Seite verdeutlicht die Voraussetzungen und kann als Hilfsmittel für die Gestaltung und Abfolge der Trainingseinheiten in der Wochenplanung herangezogen werden.

Physischer Zustand	erholt	stark ermüdet
Max. Schnelligkeit		
Anaerobe Ausdauer		
Anaerobe Kraftausdauer		
Aerobe Ausdauer		
Aerobe Kraftausdauer		
Muskelaufbau		
Maximalkraft		
Explosivkraft / Plyometrik		

Abb.: physische Voraussetzungen für ein effektives Training

Als planerische Hilfe für die Wochenplanung im Sinne des polarisierten Trainingskonzepts dienen die folgenden Hinweise:

- Das Training sollte rund um die intensiven Einheiten geplant werden, sie geben das Gerüst der Woche vor und sollten im ermüdungsfreien Zustand absolviert werden.

- Der größte Teil des Trainings sollte bei einer Intensität unterhalb der aeroben Schwelle absolviert werden.

- Die Trainingszeit im mittleren aerober-anaeroben Übergangsbereich sollte minimiert werden.

Wochenpläne nach dem polarisierten Trainingskonzept mit 2–3 intensiven sowie 2-3 Einheiten niedriger Intensität können sehr gut nach folgenden Schemata realisiert werden:

	Intensives Training		Intensives Training		Aerobes Training	Aerobes Training
MO	DI	MI	DO	FR	SA	SO
Ruhetag		locker		Ruhetag		

	Intensives Training	Intensives Training		Intensives Training	Aerobes Training	Aerobes Training
MO	DI	MI	DO	FR	SA	SO
Ruhetag			Ruhetag			

	Intensives Training	Aerobes Training		Intensives Training	Aerobes Training	Aerobes Training
MO	DI	MI	DO	FR	SA	SO
Ruhetag			locker			

Soll das Training um weitere Trainingseinheiten ergänzt werden, so sollte dies in erster Linie durch aerobe Belastungen in niedriger Intensität erfolgen. Die wenigsten Athleten verkraften auf Dauer mehr als drei intensive Einheiten in der Woche.

Nach zwei oder spätestens drei Wochen sollte eine ruhigere Woche geplant werden, in der sowohl Umfang als auch die Anzahl an intensiven Einheiten reduziert werden.

Literatur & Internet

Literatur

Banister E.W., Carter J.B., Zarkadas P.C.: Training theory and taper: validation in triathlon. Eur J Appl Physiol Occup Physiol 79: 182-191, 1999

Bassett,D.R.jr, Howley,E.T.: Maximal oxygen uptake: „classical" versus „contemporary" viewpoints. Medicien and Science in Sports and Exercise. 29/1997

Berbalk/Neumann: Ausgewählte Ergebnisse der komplexen Leistungsdiagnostik im Triathlon. 18. Triathlon-Symposium; Leipzig 2003

Bompa, O.Tudor; Haff, Gregory: Periodization, Fitth Edition. Human Kinetics; Champaign, USA 2009

Borg, G. Ratings of perceived exertion and heart rates during short-term cycle exercise and their use in a new cycling strength test. International Journal of Sports Medicine 1982

Bosquet, L., Leger, L, Legros, P.: Methods to determine aerobic endurance. Sports Med 32: 675-700. 2002

Coyle, E.F.: Integration of the physiological factors determining endurance performance ability. Exercise and Sport Science Reviews 23. 1995

Esteve-Lanao et al. (2007): Impact of training intensity distribution on pe-formance in endurance athletes. Journal of Strength Conditining Research 21, 943-949

Enoksen/Auckland/Harnes: Das norwegische Trainingsmodell im Skilanglauf. In Leistungssport 3/2010

Friel, Joe: Die Trainingsbibel für Triathleten. Covadonga Verlag; Bielefeld 2007

Friel, Joe: Your best Triathlon. Velopress-Verlag. Boulder, Colorado 2010

Friel, Joe; Byrn, Gordon: Going Long, Triathlontraining für die Langdistanz. Covadonga-Verlag, Bielefeld 2011

Güllich, Dr. Arne: Sport. Das Lehrbuch für das Sportstudium. Springer Verlag; Berlin 2013

Haber: Leitfaden zur medizinischen Trainingsberatung. Springer Verlag; Wien 2001

Heck, H. / Schulz H., Methoden der anaeroben Leistungsdiagnostik. In Deutsche Zeitschrift für Sportmedizin 7+8/2002. Süddeutscher Verlag; München 2002

Hoppeler, et. al.: Trainingsintensitätskonzepte im Ausdauerbereich. Trainer Enquete; Bregenz 2007

Hoppeler, et al: Hochintensives Intervall Training - Schock-Mikrozyklen. SHPL – Institut für Anatomie der Universität Bern; Schweiz, 2008

Hoppeler, et al: Hochintensives Intervall Training - Trainings-steuerung. SHPL – Institut für Anatomie der Universität Bern; Schweiz, 2008

Hottenrott, K & Neumann, G.: Ist das Superkompensationsmodell noch aktuell? In Leistungssport 2/2010. phillipka- Sportverlag; Münster 2010

Hottenrott, K & Neumann, G.: Trainingswissenschaft. Meyer & Meyer Verlag; Aachen 2010

Issurin, Vladimir; Lustig, Gilad: Klassifikation, Dauer und praktische Komponente der Resteffekte von Training. In: Leistungssport 3/2004. phillipka- Sportverlag; Münster 2004

Issurin, Vladimir; Lustig, Gilad: Zusammenstellung von Trainingseinheiten gemäß dem Konzept der Blockperiodisierung. In: Leistungssport 3/2007. phillipka- Sportverlag; Münster 2007

Issurin, Vladimir: Akute und unmittelbare Trainingseffekte: allgemeine Konzepte und praktische Anwendungen. In: Leistungssport 5/2008. phillipka- Sportverlag; Münster 2007

Issurin, Vladimir: Block Periodization. Ultimate Athlete Concepts; Michigan, USA 2008

Issurin, Vladimir: New Horizons for the Methodology and Physiology of Training Periodization. Elite Sport Department, Wingate Institute, Netanya, Israel 2010

Laursen,P.B; Jenkins,D:G.: The scientific basis for high-intensity interval training: Optimising training programmes and maximising performance in highly trained endurence athletes. Sports Medicine 32(1): 53-73.

Mosburger, Kurt: Die maximale Sauerstoffaufnahme. Insbruck 2012

Möller, Thomas: Leistung & Training im Triathlon. Schriftenreihe für angewandte Trainingswissenschaft (IAT). Leipzig 2015

Müller, Simon: Radtraining mit Struktur. In: Triathlon 4/5 2018. spomedis-Verlag, Hamburg 2018

Munoz, et al: Does polarized training improve performance in recreational runners. In: Int Journal Sports Physiol Perform 5/2014

Neal et al: Six weeks of a polarized training-intensity distribution leads to greater physiologicaland performance adaptations than a threshold model in trained cyclists. In: Journal of Applied Physiology. 12/2012

Neuman, Georg: Physiologische Grundlagen von Spitzenleistungen. 26. Internationales Triathlon Symposium Niedernberg. Feldhaus-Verlag, Hamburg 2012

Platonov, Vladimir: Warum die Superkompensation nicht die Grundlage der Strukturierung des Trainings sein kann. In: Leistungssport 6/12008. phillipka- Sportverlag; Münster 2008

Popov, Yevgen: Periodisierungsmodelle im Hochleistunmgssport unter besonderer Berücksichtigung der Blockperiodisierung. Masterarbeit. Grin-Verlag; Norderstedt 2012

Ruep, Manuel: Analyse der Belastungsplanung im Jahrestrainingsplan -Sportart Triathlon-. Magisterarbeit, Universität Heidelberg 2007

Schnabel/Harre/Krug/Borde: Trainingswissenschaft: Leistung-Training-Wettkampf. Sportverlag, Berlin 2003

Seiler Ks., Kjerland Go.: Quantifying training intensity distribution in elite endurance athletes: is there evidence for a „optimal" distribution? In: Scandinavian Journal of Medicine and Science in Sports 16, 49-56. 2006.

Simon, Mendoza: Effizienz und Ökonomie im Mittel- und Langstrecken-lauf. In: Leistungssport 4/1998. phillipka- Sportverlag; Münster 1998

Stöggl/Sperlich: Polarized Training has greater impact on key endurance variables than threshold, high intenity or high volume training. In frontiers in physiology 2/2014

Tabata I. et. al. (1996). "Effects of moderate-intensity endurance and high-intensity intermittent training on anaerobic capacity and VO2max". *Med Sci Sports Exerc.* 28 (10): 1327–30

Vance, Jim: Wattmessung für Läufer. Spomedis-Verlag; Hamburg 2016

Van Dijk/Van Megen: Das Geheimnis des Laufens. Meyer&Meyer Verlag, Aachen 2017

Vogt/Breil/Weber/Hoppeler: Intervalltraining zur Verbesserung der VO_{2max}. SHPL – Institut Anatomie der Universität Bern; Schweiz 2005

Vogt/Brügger/Schütz/Wehrlin/Umberg/Aeschlimann/Matter/Bürgi: Physiologische Trainingsintensitätszonen. Fachgruppe Ausdauer Swiss Olympic; Maggingen Schweiz 2005

Wahl et al.: Thesen zum High Intensity Training. Deutsche Sporthochschule; Köln 2009

Weinberger, Stefanie: Hart, aber schmerzlich. In tour 1/2011. Delius-Klasing Verlag; München 2011

Weineck, J: Optimales Training. Spitta-Verlag, Balingen 2010

Internet

http://www.dissertationen.de

http://www.fitness.com

http://www.leistungssport.net

http://www.sponet.de

http://www.sfsn.ethz.ch

http://staps-online.com

http://www.triathlon-szene.de

http://www.trainingsworld.com

http://www.youtube.de

http://www.zeitschrift-sportmedizin.de